KB073845

화법 365일

화법 365일

ⓒ 최승호, 2024

개정증보판 1쇄 발행 2024년 3월 22일

지은이   최승호
펴낸이   이기봉
편집   좋은땅 편집팀
펴낸곳   도서출판 좋은땅
주소   서울특별시 마포구 양화로12길 26 지월드빌딩 (서교동 395-7)
전화   02)374-8616~7
팩스   02)374-8614
이메일   gworldbook@naver.com
홈페이지   www.g-world.co.kr

ISBN   979-11-388-2877-2 (03320)

보험人들을 위한

화법 365일

종신. 건강. 연금

최
승
호

지
음

좋은땅

머리글

저자의 첫 번째 저서인 《종신EQ 100, 연금IQ 100》를 사랑해주신 분들에게 진심으로 감사를 전합니다. 이 책의 집필의도는 종신보험은 가족을 지키고자 하는 마음인 감성(EQ)에서 출발하고, 노후 준비의 연금은 지혜로운 생각(IQ)과 계산으로부터 시작된다는 의미를 담아 보험을 가입하려는 고객입장과 보험을 권유하는 보험설계사분들에게 도움이 되는데에 있었습니다. 이 번에는 종신 화법의 일부를 보완하고 질병보험 관련 화법을 추가하여 현장에서 일하시는 보험설계사분들이 화법책으로 활용하기에 도움이 되도록 보완하였습니다.

보험의 국·영·수는 말하기(화법)와 그리기(L/C) 그리고 걷기(활동량)입니다. 이 중에서 말을 잘 한다는 기준은 화려한 단어와 어려운 전문용어를 섞어 쓰는 게 아니라 진심어린 설명과 이해하기 쉬운 말을 쓰는 것이고 도움이 되는 정보가 필요하다는 것이겠죠.

32년간 보험업에 종사하면서 저의 유일한 바램은 어떻게 하면 가장 짧은 시간에 고객의 마음을 열고 준비한 스토리를 전달하는가에 대한 해결책이었는데 그것이 니즈환기용 화법개발이었습니다.

이 책의 화법들이 부디 영업현장에서 주도권을 가지게 되는 언어들로 사용되었으면 하는 바램입니다.

추천사

A+에셋 회장 곽근호

보험업계에서 일한 지 35년 만에 FC들을 위한 화법만을 모아 만든 책은 처음 본다. 작자가 현장에서 근무하면서 20년 이상치의 경험과 노하우로 창작해 낸 종신보험과 연금보험에 대한 화법들이 영업현장에서 일하는 FC들에게 어떠한 영업 결과로 창출되는지는 이미 겪어봐서 알기에 매우 흥미롭고 대견한 느낌을 감출 수 없다. 이 책이 영업 현장에서 일하는 모든 설계사와 관리자들에게 파워풀한 교재가 될 것임을 믿어 의심치 않는다.

인카금융서비스 대표 최병채

한마디로 독특하다. 이 흥미로운 화법책은 많은 사람들의 이목을 끌기에 충분하다. 재무설계사 입장에서는 현장에서 직접 고객에게 활용할 만한 설득의 도구가 될 것이고 일반인들 입장에서도 종신보험과 연금보험을 선택하는 계기가 될 것이라 생각한다. 저자의 25년간의 현장 경험치가 이 책 한 권에 충분히 녹아 있다.

피플라이프 진영송 사장

보험 세일즈맨에게서 고객의 니즈를 이끌어내고 계약체결에 이르기까지 화법은 매우 중요한 성공 요소임에 틀림없다. 대한민국 보험업계에 혜성처럼 등장한 화법교재를 접하고서 보험업계에 33년 넘게 종사한 사람으로서 반가움과 대견함을 감출 수 없다. 보험은 진실되어서 과장하거나 꾸밀 수는 없지만 이 책을 통해 보험의 가치와 기능을 깨닫고 전달하기에 부족함이 없을 거라는 생각을 한다. 다시 한 번 저자를 응원하고 보험을 응원한다.

보험학교 김송기 원장(《세일즈폭발》 저자)

책의 첫 장을 본 순간 치열한 상담 현장이 그려졌고, 24년간의 현장 경험을 집대성한 화법교재로서 정리된 말솜씨, 치밀한 논리 구조가 돋보였다. 저자의 책으로 엮은 그간의 노고가 많은 FC들의 시행착오를 줄여줄 수 있을 것이며 동시에 보험을 이해하고 선택하고 싶은 일반인들에게도 큰 도움이 될 것이 분명하다.

트윈에셋 대표 김상수(자산관리)

이 책은 짧은 삶을 살 경우와 긴 삶을 살 경우 모두를 보호하는 종신보험과 연금보험을 어떻게 생각할 것인지에 대해 20년 이상의 경험을 토대로 느낌 있고 논리 있게 풀어내고 있다. 가장 사망 시의 유가족생계비 해결책을 보험으로 해결할 수 있음을 사랑과 책임감에 호소하고 있으며, 장기 생존시대를 살아가는 현재의 우리에게 필요한 노후비용을 연금으로 해결해야 함을 지혜로운 생각이라는 의미로 IQ라 설명한다. 단순한 진리임에도 불구하고 모두가 하기 어려운 과제이지만 누구나 할 수 있다는 용기를 주는 책이다.

A+에셋 서성식 부사장

이 책은 고객들과 접점에서 활동하는 보험설계사의 가슴을 뜨겁게 하고 고객의 의사결정을 쉽게 도와줄 만한 살아 있는 말거리들을 가득 담고 있다. 이 책의 부제에 있는 말처럼, '가슴이 내리는 결정인 종신보험'과 '머리가 내리는 결정인 연금보험'의 결심을 편하게 도와줄 컨텐츠들은 일반 고객들의 입장에서도 매우 도움이 될 만하다고 생각된다. 전 세계에서 유일한 세일즈 화법집으로서 베스트셀러가 되길 응원한다.

I. 종신 NEEDS 100

5. FP편(15개)

II. 건강 NEEDS 30

III. 연금 NEEDS 100

I.

종신
NEEDS
100

365

종신 NEEDS 100 들어가기

내가 남긴 아들, 딸과 아내를 위해 보험금 1억…, 3억을 남기는 일이 그리도 오래 망설이고 고민해봐야 할 일인가요.

망설임의 이유가 혹시 '나는 절대 죽지 않을까 봐'인가요?
'내가 아닌 가족이 타게 되는 돈'이라 아까운 것인가요?
아니면 '보험료가 아까워서'인가요?

나는 반드시 늙고 아플 것이며 다른 사람들처럼 예외 없이 세상을 떠날 겁니다. 종신보험은 이렇게 확실한 사건에 대한 보장입니다.

보험금 1억은 20만 원 적금으로 500개월치이고 무려 41년의 세월이 걸립니다. 그러면 3억, 5억을 준비한 아빠의 마음은 몇 년치의 사랑을 표현한 걸까요? 보험은 미래 어느 시점에 그 돈이 꼭 필요한 사람에게 보내는 선물입니다.

종신보험료는 가장으로 살아가는 데 필요한 책임보험료이고
미가입시 범칙금은 유가족이 가난이나 채무로써 치르게 된다는 말에 전적으로 동의합니다.

1.

인생편(33개)

인생을 살면서 보험이 필요 없기를 기도한다 해도
묵묵히 희로애락과 생로병사의 문제는
다가오고,
상처를 남기고,
다시 사라져가기를
반복합니다.

종신보험금도
내가 벌어서 남기는 돈

평생 돈을 벌어 자녀에게 남길 만한 것은 주택이나 토지 뿐인가요?
부동산을 만들어 갈 때에도 '나 죽어서 남기는 거 무슨 의미 있어?'라고
하시나요? 아니잖아요.
부동산은 후취자산이라 할 수 있고 결국 현금화할 유동자산이 되며 상속
세, 증여세, 취득세, 양도세에서도 자유롭지 못합니다.

종신보험도 내가 돈 벌며 만들어 가는 '현금자산'입니다.
부동산과 다른 점은 선취자산이고 계약자와 수익자를 자녀로 하는 경우
에는 상속세, 증여세도 면제되며 10년 이상 유지 후 중도해지시에는 이자
소득세까지도 면제됩니다.

종신보험을 대하는 태도가 '나 죽고 나서 무슨 소용?' 이어서는 안됩니
다. 부동산도 결국 나 죽고 나서 물려줄 자산인데, 굳이 보험금에만 이
런 시각을 갖는 것은 납입원금보다 보험금이 크다는 점을 인식하고 있음
이고 그 사실 때문에 괜히 억울한 느낌을 갖는 것이라 생각합니다. 원래
는 고마워해야 할 일인데 말이죠.

더욱 중요한 것은 보험금은 현금으로 지급한다는 사실이고
부동산처럼 현금화하느라 급매처분하는 일은 없다는 사실입니다.

미래의 자녀가 부모를 평가하는 항목 한 가지, 종신보험!

받는 것에 익숙한 삶의 기간은
태어나서부터 경제적으로 독립하는 30세가량까지 30년이고,
그 이후 주기만 하는 어른으로서의 기간이
60년(90세 수명 가정) 아닙니까?

종신보험은
어른으로서 가족에게 남기는 마지막 자산이고 선물이지요.
집보다 땅보다 훨씬 사랑이 느껴지는
아름다운 보살핌의 결과라 할 수 있습니다.

우리 자녀들이 우리 나이가 되어서 부모를 평가하는 항목 중에 분명히
사망보험금이 들어갈 것이라 확신합니다. 그리고 이것은 세대를 거듭할
수록 더욱 분명해질 겁니다. 부의 이전 기능으로나, 더 이상 가난해지지
않게 하는 역할로 종신보험을 남긴 최초의 조상이 되시길 바랍니다.

종신보험을 구입하는 적절한 시기는
가정을 꾸리기 시작할 때!

보통 사망을 걱정하기 시작하는 시기는 45세~50세 전후입니다. 돈을 벌고, 자녀를 키우는 동안에는 사는 것에만 몰두합니다. 그러다가 직장에서의 정년이 다가오고, 자녀가 성인이 되어 갈 무렵에는 누구나 노후를 걱정하고 질병이나 사망 시의 대책을 걱정하게 됩니다.

마치 등산을 할 때
산을 올라가는 것만을 목표로 삼은 것과 같지요.
등산은 산을 내려오기 위해 올라갔다는 걸 잊은 것이죠.
인생이 90세면 45세 시점이 정상인 것이고,
100세라면 50세가 정상에 선 것이니
그때서야 내리막길이 보이는 것과 같습니다.

산을 오를 때 배낭에 물과 음식과 여벌옷을 준비하듯이
인생도 시작하는 처음부터 리스크에 대한 대비를 함께하는 것이 마땅합니다.
정상에서 파는 음식과 물은 훨씬 비싼 법입니다.

계절의 변화 = 시대의 변화
= 재무설계의 변화

지구 온난화로 인해
요즘 계절은 여름과 겨울만 있는 것 같습니다.
봄과 가을이 너무 짧거나 없는 것 같습니다.

인생을 사계절로 나눠보면

봄 = 1~25세로 성인으로 독립할 때까지,
여름 = 26~50세로 성인으로서 자녀를 낳고 키워내는 시기,
가을 = 50~65세로 지금까지의 재테크 결과를 자녀와 노후로 배분할 때,
겨울 = 65~사망 시까지 병든 몸 고치며 고정소득원에 의존하는 시기로
구분할 수 있지요.

봄이 짧다는 건 여름이 길어진다는 것이므로
돈 벌 기간을 늘려야 한다는 의미이고
가을이 짧다는 건 우리들의 노후인 겨울이
생각보다 빨리 찾아온다는 것으로 생각하면 됩니다.

시대 변화에 맞는 재무설계가 반드시 필요합니다.

내 나이 95세로 돌아보기,
현재 나이로 다시 살아 보기

오늘은 한번 죽어보기로 하겠습니다.

〈첫 번째 경험〉

고객님 나이는 95세로 당뇨나 고혈압으로 앓고 계시고 첫째 자녀는 65
세가 되셨고 둘째는 63세가 되셨습니다. 살고 계신 아파트를 은행에 맡
기고 주택연금을 수령 중이십니다. 자녀로부터 받는 생활비는 매달 얼
마나 되십니까? 자녀에게 남기실 자산으로는 무엇이 있습니까? 과거에
가입해놓은 종신보험금 1억은 지금의 가치로 3,000여만 원 정도이고 두
자녀에게 각각 1,500만 원씩 돌아갑니다. 장례비 정도는 되겠네요. 30
년 전인 65세 때 연금으로 수령할 걸 그랬나요?

종신보험의 가치는
가입 당시부터 자녀 독립 시까지가 최고의 가치였고
그 이후엔 상환할 채무가 있지 않은 한
연금으로서의 가치가 남습니다.

그럼 이번엔 종신보험의 최고가치의 시기인 경제활동기로 가보겠습니다.

〈두 번째 경험〉

고객님 나이는 40세로 아직은 건강하고 소득도 상승곡선 안에 있죠.
내 집 마련과 자녀교육비로 지출이 많은 시기입니다.

첫째 자녀는 10세(초3)이고 둘째는 8세(초1)입니다. 연금 준비도 종신보
험 준비도 알지만 미루고 있었습니다. 그런데 남의 일로만 여기던 교통
사고나 중대 질병으로 세상을 먼저 떠나게 되었습니다. 가장으로서, 아
빠로서, 남편으로서 아직 못다 한 책임들이 생각납니다. 어떻게 해결하
시겠습니까? 최소 3억은 부족합니다.

* 담보대출 1억.
* 자녀교육비 1억(최소한)
* 배우자 생활비 1억(월 200만 × 50개월치)

이렇게 인생을 미리 살아보면
미리 해결해야 할 것들과
미루지 말아야 할 일들이 떠오르게 되는데
제대로 된 종신보험은 대부분의 경제적인 고민을 잠재웁니다.

가장의 부재는
가족의 경제적 시련

※종신보험의 가입 목적은 더 이상 가난해지지 않기 위함!

〈가장을 잃은 어느 가족의 고백〉

나는 가난한 아빠를 만나지 않아도 되었습니다.
나는 가난한 남편을 만나지 않아도 되었습니다.
나는 암에 걸릴 아빠를 만나지 않아도 되었습니다.
나는 빚만 남기고 갈 남편을 만나지 않아도 되었습니다.

〈FC, FP가 된 그 아내의 고백〉

이제 나는 FC로서
내 주변의 모든 사람들이
가장을 잃은 다음의 가난한 삶을 살지 않도록 돕겠습니다.
1억~3억 이상의 보장자산과
월 100~200만 원의 연금자산을
준비시키기에 주저함 없이 임할 것을 약속합니다.

로또 대신
종신보험

우리는 평생 로또복권 한 번 당첨되어 보기를 기대합니다.
800만분의 1의 확률을 소원하며 투자합니다.
일주일에 1만 원씩 쓰면 한 달에 4만 원, 연간 48만 원을 없애죠. 차라리
소득공제로 세금환급 48만 원을 받는 셈 치고 저축하는 게 더 바람직하죠.

오히려 자녀들에게
100% 당첨 확률이 있는 복권을 발행해주시는 건 어떠세요?
발행 금액은 1억, 3억, 5억, 10억 중의 하나 정하시고
지급신청일은 당신이 사망한 날이 되고
수령인은 법정 상속인으로 하든 특정인을 지정하시면 됩니다.
이 복권의 추첨은 매일 실시되나
가급적 100세에 가깝게 조정하시려면
음식 조심, 차 조심하시고 운동도 게을리 하지 마셔야 합니다.

어떻습니까?
종신보험은 더 열심히 살아갈 만한 이유가 되지 않습니까?
경제적으로 죽지 않을 각오가 된 사람이기 때문입니다.

종신보험은
내가 또 다른 나에게 주는 돈

생. 노. 병. 사!

생(生)은 '태어나서'라는 뜻보다는 '살아가다'라는 의미로
로(老)는 '나이 들어서도 살아야 하고'
병(病)은 '병들어서도 살아야 하고'
사(死)는 '죽어서도 자녀를 통해 계속 살아가게 된다'는 말로 해석합니다.

특히, 죽어서도 살아간다는 말은
나의 유전자를 가진 내 아이들이 나를 이어서 계속 살아간다는 말이니
그들에게 보험금을 통해 경제적인 자유를 주고 가는 것은
내가 '또 다른 나'에게 주는 것과 같아서
망설일 이유도 아까울 이유도 없다는 뜻입니다.

결국
종신보험은 '나'를 위한 준비가 되는 것이고
나를 대신해 종신보험이 나의 역할을 대신한다는 건 매우 고마운 일입니다.

유서를
써보세요

유서를 써 보신 적 있나요?
본인이 곧 죽음 앞에 서게 될 사람이 아니고서는
유서를 쓸 일은 별로 없습니다.

일부러 관에 들어가 보게 하거나
유서를 쓰게 하는 프로그램을 경험해보면,
또는 간혹 남의 상갓집에 조문을 가보게 되면
가장 진실된 마음을 종이 위에 옮겨놓게 되지요.

그리고는
가장 사랑하고 아끼는 가족에 대한 최선의 베풂이 무엇인지를
살아있을 때와 죽은 이후로 나누어 당부하게 됩니다.

모든 유서의 끝은
끝까지 지켜주지 못하고 먼저 가서 미안하다는 말과
자신이 없더라도 남은 삶을 행복하게 살라는 당부인데요,
종신보험이 있는 사람의 유서는 슬픔으로만 끝나진 않더라는 것입니다.

종신보험에 사인을 하는 것만으로도 책임을 지겠다는
훌륭한 유언을 남기는 셈입니다.

사람이 RISK입니다,
결혼 상견례의 필수품으로 종신보험 증권을…

살다 보면 사람이 RISK인 경우가 많습니다.

중대 질병에 대한 가족력이 있는 경우
그 자녀도 그와 같은 질병에 노출될 확률은 매우 높지요.
두 사람이 결혼을 할 때부터,
예정된 RISK를 안고 시작하게 되는 겁니다.

둘이서 열심히 맞벌이를 하더라도 결국 한 사람 분의 재테크는 사라지게
되는 경우를 많이 봅니다. 물론 두 사람 모두 그런 질병인자를 가졌다면
더 위험한 거고요.
사랑하기 때문에 묻어놓고 지나왔던 위험인자가 먹고 살 만할 때쯤 나타
나서 인생을 너무 힘들게 하곤 합니다.

제 아들이 결혼할 때가 되어 장인, 장모님께 인사드리러 갈 때 종신보험
3억~5억 정도, 혹은 정기보험으로라도 준비한 증권을 들고 찾아가서
결혼생활 중에 중대 질병이나 사고로 먼저 떠날지라도 사랑하는 따님과
손주들을 지킬 비용을 준비했다고 말씀드린다면 서로에게 매우 흡족한
일이 아닐까요.

우리가 늙는 20년쯤 뒤에는 이런 아들과 사위가 인기 있지 않겠습니까?
그 아들과 사위가 평생 가장 싼 보험료로 준비할 수 있는 때가 바로 성
인보험을 가입할 수 있는 시점인 15세 이후입니다. 늦을수록 보험료는
비싸지니까요.

대한민국 모든 젊은이들에게
결혼과 동시에 사망보장 3억 정도가 장착될 수 있기를
소원합니다.

인생의 가장 큰 리스크는
배우자다?

인생의 가장 큰 힘이 되어 줌과 동시에 가장 큰 리스크가 되기도 하는 사람이 배우자일 수 있습니다. 배우자에게 발생하는 리스크는 사망이나 중대한 질병이나 부도 같은 건데요,

예를 들어 배우자가 암에 걸리면
가족들은 모든 것을 희생하고서라도 살리려 하고
그로 인한 가난을 숙명처럼 받아들이게 됩니다.

그러나 그동안 모아놓은 재산을 허망하게 처분하게 되는
어리석음을 피해 갈 길이 분명히 있고
그 방법을 보장성보험으로 해결하는 건
이제 모든 사람들이 당연히 선택하는 방법이 되었습니다.

그동안 준비해오신 보장 내역을 한 장으로 정리하고
과한 부분은 정리하고 부족한 부분은 채우시는 게
재무설계의 0순위입니다.

가장(나) = 가족(우리)

〈나 = ME〉를 물에 비춰보면
〈우리 = WE:가족〉이 보입니다.

내가 고단하게 살아가는 이유는
〈가족〉에 대한 책임 때문이겠죠.

어렵더라도 포기 않고 힘을 내야 하는 이유를 찾고 싶다면
가끔 멈춰서 술 마실 때 술잔에 비춰진 내 얼굴 대신 가족을, 힘들어 강
이나 바다를 바라볼 때에도,
〈내〉가 아닌 〈가족〉을 발견하시길 바랍니다.

보험인이 설명하는
WISE의 해석

영어로 '현명하다'는 의미로 쓰이는 단어가 'WISE'입니다.
이 단어의 스펠링을 보험에서는 이렇게 해석하기도 합니다.

W: Work   일을 해서 돈을 벌게 되면
I: Insurance   보장자산을 준비해두고
S: Save   저축을 한 다음
E: Enjoy   남은 돈으로 즐겨라

만일, 형편이 어려워지면 순서는 반대로 하는 거죠.
즉, 즐기는 것을 줄이고, 저축을 줄이거나 깨고,
보험을 맨 마지막으로 정리하라는 겁니다.

경험으로 아시겠지만
살면서 가장 오래 살아남는 금융자산은
바로 보험입니다.

현재 나의 돈을 구속해서
미래 가족의 돈을 자유롭게 하기

종신보험은

현재 시점 나의 돈을 구속해서

미래 시점 가족의 돈을 자유롭게 하는 거짓 없는 대책입니다.

가장의 부재로 인해,

- 먹을 것을 줄이고,
- 입을 것을 줄이고,
- 집을 줄여 가고,
- 치료를 포기하고,
- 유학을 포기해야 하는

그런 미래를 아예 없애버리는…

현명하고도 반드시 필요한 대책입니다.

망설이며 미뤄도 될 게 있고,
망설이지 말아야 할 게 있다

나폴레옹의 명언 중에 이런 말이 있습니다.
"오늘 나의 불행은 언젠가 내가 잘못 보낸 시간의 보복이다."

종신보험을 준비하지 않은 상태로
가장이 사망함으로써 발생하게 될 가족의 가난은
'미래의 불행'이고
이 역시
건강하고 소득이 있었던 과거에
종신보험을 선택하지 않았던 것에 대한
'시간의 보복'이 될 수 있습니다.

음식을 만들 때 양념을 넣는 타이밍이 맛을 결정하듯,
보험 역시 놓치지 말아야 할 타이밍이 있는데
바로 건강에 이상이 없을 때와
지출보다 소득이 많은 시기입니다.

종신보험을 망설인다는 뜻은
내 가족을 지킬지 말지 고민한다는 뜻과 같습니다.

돈이 있다고
보험에 가입할 수 있는 건 아닙니다

살다 보면 미룰 일과 미루지 말아야 할 일이 있는데
그 중에서 종신보험은 미루지 말아야 할 일입니다.
그 이유는 간단하지요.
첫째, 건강해야만 가입할 수 있기 때문이고
둘째, 나이가 들면 보험료가 너무 비싸지기 때문이죠.

만약, 35세에 권유받고 미루다가
45세에 3억짜리 종신보험가입을 결심했는데,
당뇨나 고혈압 등의 판정을 받아서 가입이 거절되었다 치면
이 분은 3억을 10년으로 나눈, 매달 250만 원의 기회손실을 본 것과 같
습니다.
단지 망설이고 미루었다는 이유로 말이지요.

나이에 따른 보험료 인상분을 감안하면
기회손실이 더 커지게 되니
서두르실 이유가 충분하다 하겠습니다.

지구상의 동물 중에서 가죽이 아닌
보험금을 남기는 유일한 존재는 사람!

'죽을 것처럼 살아라'라는 말이 있습니다.

죽을 듯이 악착같이 내 명예와 가족의 부와 또 보람을 위해 살라는 말이
겠죠.

아니면 내일 죽더라도 후회 없이 살라는 말도 되고요.

그런데 죽을 것같이 살지 않아도 결국 누구나 죽습니다.

한번 죽어봅시다.

나는 그간 번 돈을 10원도 가져갈 수 없습니다.

그간 사느라 생긴 빚을 갚을 수도 없고

남은 가족의 일로 남기게 됩니다.

바빠서 사랑한다 말도 자주 못하고 챙겨주지 못한 걸 후회해도 더 이상
표현할 수도 없습니다.

영혼이 있다 해도 전할 방법이….

그러나

남기고 온 생명보험금이 있다면,

최소한 미안하지는 않을 것 같습니다.

내 사랑하는 배우자와 아이들한테 말이죠.

하루, 한 달, 1년과는 다르게 사람의
생로병사 주기는 반복되지 않고 단 한 번뿐임!

낮에 일하고 저녁에는 반드시 휴식을 취하는 이유는

다음 날에도 일을 해야 하기 때문이죠.

이때의 휴식은 다음날의 '멀쩡한 나'를 확보하기 위한 '보험'입니다.

내일이 없다면 밤새 놀고 즐기려고 하겠죠.

쉬어야 할 이유가 없겠죠.

농사도 봄에 씨 뿌리고 여름에 잡초 매고 가을에 수확해서

겨울엔 밭을 태우는 등 내년 농사 준비를 하지요.

그런데 사람은 반복되지 않는 주기를 가지고 있습니다.

바로 인생주기인 '생, 노, 병, 사'는 단 1회라는 점입니다.

〈병과 사〉는 단 한 번의 겨울이고,

이 겨울옷은 봄에 가장 쌉니다.

보험금을 확실히 받게 될 질병보험과 사망보험은

젊어서 저렴할 때,

아프기 전에 가입하는 게

무조건 현명한 겁니다.

인생이라는 긴 항해는 돌아올 수 없는 항해인지라 출발할 때부터 보험이 필요합니다

보통 인생을 긴 항해에 비유합니다.

특히 한번 출항하면 돌아올 수 없는 항해라고 합니다.

여기서 '출항'의 의미는 결혼 후 시작된 삶을 말하고 선장은 가장이고,

항해사는 배우자겠죠. 승객은 자녀가 되겠구요.

배에 실은 중요한 짐들은 금융자산과 부동산 같은 재산이 되겠지요.

선장은 배가 출발하기 전에 선박보험을 들어 놓아야 했고,

승무원들에 대한 생명보험도 체크했어야 합니다.

중간 기착지에서도 구입할 수는 있지만

가격이 많이 비싸거나 건강이 나빠진 사람한테는 팔지 않습니다.

−보험학교 수업 중에서−

현재 배의 가치가 얼마인지 점검하는 일을

눈대중으로 하는 게 맞을까요,

감정평가사에게 의뢰하는 게 맞을까요?

기가입한 보험점검을 서두르시길 바랍니다.

종신보험은
감성과 사랑으로 구입하는 금융상품

이성과 감성의 차이를 아시죠?

감정이나 기분에 치우치지 않는 걸 이성적이라 합니다.

부부싸움 시에 화가 난다고 물건을 집어 던졌다면

이성보다는 감성이 앞선 것이겠죠.

반면 아이가 물에 빠졌을 때 본능적으로 뛰어드는 게 부모들이지만,

수영을 못한다는 생각으로 발만 동동 구르는 모습은,

안타깝지만 이성적이라 하겠습니다.

다른 집 아이에게 질세라

학원비를 늘리는 데는 주저함이 없지만,

가장 유고시

학원비는커녕 생활비도 공급할 수 없다는 걸 알면서

종신보험 가입을 하지 않는 것은

이성적입니까? 감성적인 겁니까?

보험의 역할은
더 이상 가난해지지 않게 해주는 것이 기본

세 아이가 있었습니다.

첫 아이는 부모가 아주 부자여서 어려움 없이 자랐는데 어느 날 닥친 부친의 사망으로 인한 상속세를 낼 수 없게 되자 가업승계도, 상속도 포기하게 되었습니다.

두 번째 아이는 보통 부모 밑에서 보통 아이들처럼 자랐는데 어느 날 부친이 사망하게 되어 어머니 밑에서 가난을 겪게 되었고 그 결과로 진학을 포기하고 낮은 보수의 직장을 얻고 결혼 또한 늦게 되었으며 맞벌이를 해야만 겨우 먹고살 정도로 살아갑니다.

세 번째 아이는 가난한 부모 밑에서 힘들게 컸는데 병든 아버님이 결국 사망함에 따라 더욱 가난해졌고 사회를 미워하며 어렵게 살았답니다.

종신보험이 있었더라면
이 세 아이의 삶이 어떻게 바뀔 수 있었을까요?

첫 번째 아이는 보험금으로 상속세를 납부함으로써 부친의 사업을 승계

받을 수 있었으며 그로 인해 부유한 삶을 이어갈 수 있었습니다.

두 번째 아이는 보험금을 통해 학교를 마칠 수 있었고 그로 인해 취직도 할 수 있었으며 넉넉지는 않아도 보통 친구들처럼 살 수 있었습니다.

세 번째 아이 역시 보험금을 통해 가난한 삶이 주는 증오심은 없을 수 있었고 다소 어려워도 건강한 사회의 일원으로 살 수 있었겠지요.

보험은 결국 사람을 사람답게 살게 하는
중요한 역할을 담당합니다.
평소 할애한 소득의 10%는
유사시 소득의 100%가 될 수 있으니까요.

시간을 돈으로 사는 방법이
종신보험입니다

시간을 낭비하지 마세요!

바쁘게들 살아가고 있지만

빠른 시간 속에 놓치거나 미뤄서는 안 될,

중요하고도 시급한 일이 함께 지나가고 있다는 걸….

아플 때 깨닫죠. 죽음을 앞에 두고야 후회하지요.

누구나 부자를 꿈꾸지만 90%의 사람들은 꿈으로만 머물죠.

그러나 그 90%의 사람 중에 10%는

부의 시작이라 할 수 있는 1억을 남기게 됩니다.

'가난방지대책'이 바로 종신보험이기 때문이죠.

시간이 흐른다는 건 아파 온다는 것이고,

늙어 가고, 죽어 간다는 뜻입니다.

시간을 돈으로 사세요!

종신보험이 그 방법입니다.

종신보험으로
일곱 가지 푸어(poor)의 고리 끊기

요즘 우리는 일곱 가지 POOR로 산다고 합니다.

1. 유니브 푸어(univ)
2. 허니문 푸어(honeymoon)
3. 베이비 푸어(baby)
4. 에듀 푸어(edu)
5. 하우스 푸어(house)
6. 실버 푸어(silver)
7. 메디 푸어(medi)가 그것들인데요,

종신보험은 이 중에서
유니브 푸어(교육자금)와 기초생활비를 해결해주거나,
서로 연관성 있는 가난의 고리 하나쯤을
끊어낼 수 있게 돕습니다.

가장의 사망으로 인해 생기는 가난이
가장 '질 나쁜 가난'이라 합니다

가난의 원인은 여러 가지가 있습니다.
사업의 부도, 치명적 질병, 낭비, 도박, 교육 부족….
그리고 가장의 사망입니다.
살아 있다면 대부분 다시 회복할 수 있는 것들이지만

가장의 사망으로 발생하는 가난은
회복이 어렵거나
시간이 매우 오래 걸립니다.

가난해서 좋은 건 작은 것에도 감사할 기회를 얻는 것?
성실하게 살아갈 기회? 악착같은 근성?
가난은 나쁜 감정들을 우리에게 가져다줍니다.
타인에 대한 증오심, 비관적 인생관, 자포자기와 타락, 게으름, 현실 안
주, 기죽음….

정상적으로 살아내도
자녀교육비와 노후 준비가 부족한 우리 삶인데.
가장의 사망으로 생기는 가난을 더 보태지는 말아야 합니다.

과일나무 심기
= 종신보험 가입하기

"아부지가 매일 낭구를 심으믄
아부지가 죽을 때 가져갈 껀 실은 아무것도 엄따.
근데 너그들이 어런이 되었을 때는
여~서 수많은 것들을 얻을 끼고
너거들이 낳은 언나들, 긍까 내 손주들 때에는
이 산의 나무만 가지고도 그냥 살날이 올끼다.
애비 생각은 마 그뿐인기라…."

"아빠가 종신보험을 들은 채 죽게 되면
내가 가져갈 건 아무 것도 없어.
근데 너희들은 당분간 아빠가 있는 것처럼
돈이 떨어지지 않을 거구
너희가 어른이 된 상태에서 내가 죽으면
우리 예쁜 손주들에게도 좋은 선물이 될 거야, 응?"

'10년, 20년 뒤의 나'로서
'현재의 나'에게 충고하기

사랑과 이별이 가까운 사이이고
건강과 질병이 가까운 사이이고
먹는 것과 배고픔이 가까운 사이이고
달리는 것과 멈춘다는 것이 가까운 사이이고
열심과 나태가 가까운 사이이듯

삶과 죽음 또한 매우 가까이 있습니다.

그러나 삶과 죽음 이외의 것들은 반복되는 것들이지만
삶은 죽음을 만나는 순간 더 이상 반복할 수 없습니다.

그래서 다른 시각으로 준비되는 것이
반드시 필요합니다.
그 다른 시각이라는 건 10년, 20년 뒤의 나로서
현재의 나에게 충고할 만한 것을 찾아내야 한다는 겁니다.

(어제와 과거는 이미 죽은 시간! 반복 재생 불가)

충고의 내용은 다음과 같습니다.

건강한 내가 아픈 나에게 건강보험을!

돈 버는 내가 돈 벌지 않을 시기의 나에게 연금보험을!

살아 있는 내가 죽은 뒤 내 자녀들에게 보내는 종신보험을!

누구나 갖고 있어야 하는 것 중에
종신보험증권도 있어야 하는 시대입니다

어른들은 이웃집 아이들이 태권도학원을 가면

자기 아이도 보내려 합니다.

누구나 하는 거라면서요.

어른들은 옆집 아이가 피아노학원을 가면

자기 아이에게도 피아노학원에 보냅니다.

배울 만한 것이라면서요.

어른들은 앞집 아이가 좋은 유모차를 타면

자기 아이에게도 비슷한 걸 사줍니다.

지기 싫어서요.

나중에 그런 아이들이 우리 부모들을 비교합니다.

누구네 집은 아빠가 돌아가셨는데

종신보험금으로 5억을 받아서 어려움 없이 산다는 둥,

우리 집은 빚만 남겨져서 큰일 났다는 둥….

서두르세요!

같은 돈 20만 원이라도 30대엔 1억을 살 수 있지만

40대엔 7천을 사고 50대엔 어디가 아프거나 돈이 없어서

가입조차 할 수 없을지도 모릅니다.

지금 현재가 종신보험으로 보호받을 최고의 가치를 가진 시기

저를 만난 오늘이
당신의 인생 중에서 가장 값비싼 시기입니다.
건강 측면도, 가족 사랑도, 소득 측면도
오늘 현재가 최고의 컨디션인 시간입니다.

보호받아야 한다면 바로 지금이고
보호받을 크기는 최소 10년치의 경제적 가치일 겁니다.
만약 연소득이 3천만 원이면 10년치는 3억이고,
연소득이 1억이시라면 10년치는 10억입니다.

다른 가족이 내 몸값을 보장해줄 리 없고,
은행이나 증권사가 내 몸값을 보장해줄 리 없습니다.
종신보험은 소득의 10% 정도의 저축으로
내 소득의 50배, 100배를 보장받는 방법입니다.

예를 들어,
월 소득 300만 원 시 월 30만 원으로
최고보장 1억~3억 정도를 보장받는 시스템을 사는
그런 일입니다.

좋은 줄 알지만 망설이다 실패하는 목록들 중에 보험은 넣지 마세요

좋은 줄 알지만 야채류를 잘 먹지 않습니다.
좋은 줄 알지만 아침을 잘 거릅니다.
좋은 줄 알지만 저축보다 쓰는 걸 즐깁니다.

나쁜 줄 알지만 담배를 못 끊습니다.
나쁜 줄 알지만 술을 자주 마십니다.
나쁜 줄 알지만 운동을 하지 않습니다.

후회할 줄 알지만 암보험을 가입하지 않습니다.
후회할 줄 알지만 연금을 붓지 않습니다.
후회할 줄 알지만 종신보험을 가입하지 않습니다.

강제가 아니라는 이유로 좋은 걸 미루고,
나쁜 걸 즐기다가 돈 없이 병들어 죽습니다.
종신보험은 이 모든 결과에 대한 마지막 보상입니다.

종신보험은
인생항해에 필요한 든든한 배를 구입하는 일!

종신보험은 결혼 이후,
인생이라는 커다란 바다를 항해하여
노후라는 도착지까지 가는 데 필요한
'배(ship)'에 해당됩니다.

따라서,
책임감이 투철한 선장(가장)이
사랑하는 가족들과 보물들(동산, 부동산)을 싣고서
웬만한 파도(질병, 사고, 사망)에도 끄덕없이
항해를 마칠 수 있을 만큼 튼튼한 '배'(보험)이어야 하겠지요.

연료도 충분해야 하고(보험료와 납입기간)
기능도 좋아야 하고(납입면제, UL 기능)
도착 후 비싼 값에 팔 수 있어야 합니다(연금전환).

이런 항목들을 조합하는 것을 '보험의 디자인'이라 하겠습니다.

철든다는 말은 해야 할 때와
하지 말아야 할 때를 안다는 뜻입니다

80세인 내가 50세인 내게 미소 지으며 말합니다.
지금이 얼마나 건강하고 아름다운 시절인지….

70세인 내가 현재 50세인 나에게 말합니다.
지금부터라도 운동하며 건강을 챙기라고!

물론 60세인 내가 현재 50세인 나에게 말합니다.
지금부터 10년간만 미쳐 일해보라고!
그 결과로 40년을 돈 걱정 없이 지내보라고!

죽기 전 나는 젊었었던 나를 나무랍니다.
늙을 준비와 아플 준비, 그리고 죽을 준비를
제대로 하지 않은 것에 대해 말이죠….

보험은 위와 같은 생각들처럼 철들어야 준비할 수 있습니다.
철들다 = 때를 안다! = '때': 돈 벌 때와 건강할 때.
보험가입의 자격은 건강해야 하고 돈이 있어야 하거든요.

돈이 없으면
키도 작아지고, 말도 없어집니다

돈 없는 세월이 계속되면 키가 작아집니다.

어깨가 처진다는 뜻이지요.

그 다음엔 벙어리가 되어 가죠.

의기소침해져서 말수가 적어지거든요.

이어서 눈빛이 어두워져 갑니다.

부정적이고 신경질적인 생각으로 가득 찬 사람이 된다는 말입니다.

살아서의 보험금은 평온을 유지하게 하고,

죽어서의 보험금은 내 영혼의 평온과 유가족의 경제적 평화를 가능케 합니다.

살아 있음에 감사하며 그 대가로 보험료를 치르는 거라 생각합니다.

인생 100년 중에 돈 잘 버는 15년 정도(30~45세)만이

모으는 기회이고, 또한 불리는 기간이며,

50세 이후 약해질 경제여력을 대비할 기회입니다.

늘 지금 나이에 10~20년을 더한 나이로 현재를 바라본다면

무엇을 해야 하고, 무엇을 하지 말아야 할지 판단이 쉬울 겁니다.

종신보험이 바로 지금 해야 할 그 '무엇' 중에 하나입니다.

'공수래공수거(空手來空手去)'
'종수래종수거(終手來終手去)'

'공수래공수거(空手來空手去)'라는 말은
아무 것도 없이 태어나서 아무 것도 없이 죽는다는 뜻입니다만
종신보험이 있는 우리의 삶에서는
'종수래종수거(終手來終手去)'가 되어야 합니다.

즉, 종신보험이 있는 아버지 밑에서 태어나 살다가
종신보험을 남기고 떠나는 아버지로 죽어야 한다는 말입니다.

왜냐하면
자녀가 가난한 이유는 부모가 남긴 가난때문인 경우가 대부분이고
자녀가 가난한 삶을 이겨내고 편안한 삶으로 마무리 짓지 못할 경우에는
또다시 가난을 남기고 가게 되는 과오를 범하게 되기 때문입니다.

부(富)의 대물림이 아닌 가난의 대물림은
종신보험으로 끊어낼 수 있습니다.
어른이 되는 시작점부터 가난방지책으로써의
종신보험은 절대적으로 필요한 금융상품입니다.

2.

확률편(10개)

보험 가입의 목적은
보험금을 타는 데 있다.
따라서,
확률이 높은 사건에
보험료를 내야 한다.
100%의 확률인 사망이 1순위,
그 다음 높은 확률인 질병이 2순위,
3순위는 일반재해 보장이다.

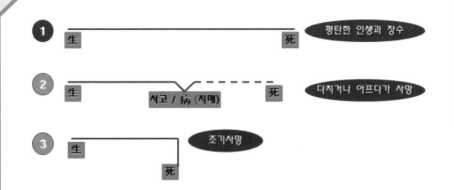

① 生 ——————————— 死　**평탄한 인생과 장수**

② 生 ——————사고 / 病 (치매)—— 死　**다치거나 아프다가 사망**

③ 生 —————┐
　　　　　死　**조기사망**

누구나 1번을 원하지만
2, 3번일 확률도 매우 높지요.
보험은 이럴 때 나와 내 가족이
무사히 장애물을 건너게 해주는
다리 역할을 합니다.

사망확률은
100%로서 가장 높습니다.

종신보험이 보험가입의 순서상 0순위라고 말하는 것은
누구나 반드시 죽는다는 확률로 100% 지급받게 된다는 점과 함께
그 시기가 언제인지를 알 수 없다는 이유 때문입니다.

누구나 안죽을 것 같이 살고
모두 가져갈 것처럼 벌지만
공평하게도 누구나 죽으며
아무 것도 가져갈 수 없잖아요?

그런데 갑작스러운 죽음이 찾아왔을 때
빚을 남길지 보험금을 남길지는 고객님의 선택에 달렸습니다.
마이너스 자산인 빚(채무)은 할부로 갚아나가다가 0을 만들지만,
플러스 자산인 보험금은 할부로 구입하다가 1억이든 10억이든
시간적으로 만들기 힘든 크기의 돈을 만나게 하는 방법입니다.

보험가입의 순서가 발생확률의 순서임을 인정하신다면
최우선 선택은 종신보험이어야 합니다.

종신보험은
안전한 투자!

평생토록 암에 걸릴 확률이 두 명 중 한 명이라고,
또는 세 명 중 두 명이라고도 합니다.
세 명 중 세 명이 되는 요인은 바로 '장수'입니다.
마치 출시된 지 100년이 된 자동차 곳곳에 문제가 생기는 것과 마찬가지
인 이치겠죠.

더구나
사람이 죽을 확률은 100%이고
이 사실에 대해 보험금이 큰 종신보험을 드는 건
그래서 '안전한 투자'에 해당됩니다.

마찬가지로 오래 살 거라면
암 같은 중대한 질병의 발생 확률도
100%에 근접하는 것이니
건강보험과 실손보험도 우리 삶에 필수가 되어야 합니다.

사람이 죽을 확률은 100%, 병들 확률은 90%, 노후 확률은 80%

사람이 살다가 죽는 과정은 여섯 가지 형태로 볼 수 있습니다.

첫째, 생-사
둘째, 생-노-사
셋째, 생-병-사
넷째, 생-병-노-사
다섯째, 생-노-병-사
여섯째, 생-병-노-병-사

이중에 사(死) = 여섯 번, 병(病) = 다섯 번, 노(老) = 네 번 등장하지요.
즉, 죽을 확률은 100%이고,
병에 걸릴 확률은 그 다음으로 높고,
노후를 겪어야 할 확률이 그 다음으로 높다는 뜻이니,
종신보험은 이 세 가지 RISK에 대해
절대적으로 필요한 확률상품이라고 할 수 있겠습니다.

우리가 경험한 다른 사람의 과정을 생각해보고, 삶에는 공격(돈벌이)뿐
아니라 수비(자산 지키기)도 있음을 기억하시기 바랍니다.

※ 보험은 확률에 투자!

사(死)의 확률 = 100%: 주보험

병(病)의 확률 ≒ 90%: 질병특약/건강보험/실손

노(老)의 확률 ≒ 80%: 연금보험/연금전환

재무설계의 대표상품은 종신보험과 연금보험

사람은 누구나 죽습니다.

확률로는 100%이지요.

100%의 확률에 투자하는 것이 종신보험입니다.

사람은 죽기 전에 반드시 아프죠.

특히 소득이 있어야 할 기간 중에

돈이 많이 드는 질병이 생기면 경제적 파산을 겪게 되죠.

이것에 대한 대책이 C.I 보장과 G.I 보장입니다.

(Critical Illness, 중대한 질병, General Illness:일반적 질병)

그리고 사람은 반드시 늙게 되죠. 소득이 끊길 수 있다는 겁니다. 소소한 질병으로 병원 신세를 지게 되고 생활비 고통을 받게 된다는 겁니다. 이것에 대한 대책이 연금입니다.

이런 문제들을 미리 생각해보는 것이 라이프사이클이고

살아서든 죽어서든 돈이 마르지 않게 하는 시스템을

재무설계라 하며

생명보험상품 중에 종신보험과 연금보험이 바로 그 재료입니다.

그러나 저에게 우선순위를 꼽으라면 종신보험부터 추천합니다.

왜냐하면 보장자산 없이 쌓아가는 재테크는 리스크 발생 시에

완성이 불가할 수도 있으니까요.

말이 물을 먹을지, 안 먹을지 모른다고
물가에조차 데려가지 않는 것과 같은 행동

내가 암에 걸릴 지 안 걸릴지 모른다고 해서
암보험 하나 준비하지 않는 것과,
내가 늙을지 안 늙을지 모른다고 해서
연금보험을 준비하지 않는 것과,
또는 내가 죽을지 안 죽을지 모른다고 해서
종신보험 하나 준비하지 않는 것은

마치….

지친 말이 물을 먹을지 안 먹을지 모른다고 해서
물가에조차 데려가지 않는
어리석은 마부의 행동과 같습니다.

누군가의 하루 일과 중에는
출근, 돈벌이, 식사 외에 사고와 헤어짐도 있어요

사람들은 인간다운 사람을 좋아합니다.

남을 배려할 줄 알고 희생할 줄 아는 사람을 존경합니다.

나만을 위한 삶을 사는 사람보다,

남들을 위한 삶을 사는 사람이 아름답다고 합니다.

그러니 내 가족을 위한 삶은 당연한 것 아닙니까?

가난한 남을 위해 ARS에 기부하는 사람들도 꽤 많습니다.

그러나 가난해질 수도 있는 내 가족을 위한 생명보험에

보험료를 적극적으로 내는 사람들은 많아 보이지 않습니다.

이유는 무얼까요?

소득이 적어서라고 해야 합니까?

남은 사랑할 줄 알아도 내 가족은 사랑하지 않기 때문입니까?

기억하세요,

하루 24시간 안에는

기쁨, 놀라움, 식사, 소득 활동 외에도

사고와 죽음의 기회도 늘 함께 있다는 사실을요….

80세 이전에 사망할 가장의 확률은
세 명 중 한 명!

2022년 통계청 자료 연령별 사망률에 따르면
80세 가장(남성)이 사망할 확률은 32.7%(남여 전체 25.5%)로서
약 1/3에 가깝습니다.

이 말을 듣는 남자들은 국민 전체 중에서의 '나'를 생각하기 쉽습니다.
그러나,
본인을 포함한 가장(家長) 세 명을 한 공간에 모아서
이 문제에 대한 대책을 토론하게 한다면
나에게 닥칠 수 있는 높은 확률적 문제로 받아들이게 될 것이며
가장 사망 이후의 경제적 대책으로써
틀림없이 〈종신보험〉을 선택하게 될 겁니다.

그러나
80세에 가입할 수 있는 종신보험은 없거나 보험료가 너무 비싸서 가입
이 불가하므로
당연히 가입시점은 70세 이전이어야 하고
납입기간은 긴 것이 유리하며
보험료 납입은 자녀의 역할도 포함해야 하는 것이 현실적인 대책입니다.

죽음보다
확실한 사실이 어디 있나요?

암에 걸리고, 치매가 찾아와야만 시한부 인생은 아닙니다.

우리는 어차피 대부분 100년 이내에 죽게 됩니다.

죽음보다 확실한 사실이 어디 있습니까?

피해 갈 수 없는 것 중에 가장 분명한 것이 죽음 말고 또 있을까요?

로또복권 1등에 100% 당첨된다면 누구나 전 재산을 투자할걸요?

주식이 반드시 오를 거라면 누구나 투자할 것이고요.

사람은 투자할 때 성공 확률이 높은 곳에 해야 됩니다.

종신보험이 안전한 투자인 이유는

1) 반드시 보험금을 받는다는 것(원금 이상의 사망보험금 보장)
2) 적립액 측면으로는 복리 또는 복리효과로 불려서 많은 이자를 받게
   된다는 점 때문입니다.

살든 죽든 받게 되는 재무설계 상품이라는 점이

망설일 이유가 없는 근거입니다.

살면서 누구나 피해갈 수 없는
다섯 가지

살면서 누구나 피해갈 수 없는 다섯 가지가 있습니다.

첫째, 죽음
둘째, 질병
셋째, 노후
넷째, 세금
다섯째, 저금리입니다.

그러나 보험에는 이 다섯 가지에 대한 회피 방법이 있습니다.
죽음 중에서 경제적 죽음만큼은 종신보험금으로 피해 갈 수 있고,
질병은 건강보험과 실손보험으로 적극적 치료비 마련을 가능하게 하고,
노후는 연금과 건강보험을 통해,
세금은 10년 비과세로 이자소득세와 금융소득종합과세와 연금소득세를,
저금리는 연복리 이율과 투자수익률로써 극복할 방법을 갖게 합니다.

50대 중반인 사람에게
'만일(if)'은 '10,000日'입니다

우리가 앞으로 닥칠 수 있는 사고, 질병, 사망을 에둘러 부르는 말이 '만일'입니다.

지금 나이가 60세인 사람에게 '만일'은 'if'와는 다릅니다.

'만일'을 '萬日'로 생각하여 '약 30년 안에 죽는다'라는 뜻으로 해석해도 무리가 없다는 뜻인데, 2024년 적용된 10회 경험생명표상 남녀 평균수명은 88.5세(남성 86.3세, 여성 90.7세)로서 약 30년 안에 사망할 확률이 있다는 말이 됩니다. 그렇다고 해서 종신보험을 80세에 시작할 수는 없잖아요? 가입 가능연령도 안되고, 보험료도 너무 비싸고, 아픈 곳이 많아서 거절되겠죠.

지금 다소 늦은 나이일지라도 가입할 수만 있다면 준비해야합니다.

'만일'은 'if'가 아니고 '萬日後'도 아니며 '만일(萬日) 중의 하루'입니다.

30세에 가정을 꾸린 가장에게는 '2萬日 중 하루'가 되는 것이죠. 그 하루가 나에게 해당되는 순간 난 아무 말도 못하고 아무 것도 준비해주지 못한 채 떠나야 합니다. 허공에서 연기같은 모습으로 다가가서 울고 있는 아내 등을 쓰다듬으며 책임지지 못해 미안하다고, 막막해하는 아이들에게 지켜주지 못해 미안하다고 말할 자신 있습니까?

'오늘 만일 비가 온다면'이란 말의 뜻은

비가 올 수도 있고 안 올 수도 있다는 말이지만,
'내가 만일 죽는다면'이란 말은
죽을 수도 있고 안 죽을 수도 있다는 뜻이 아닙니다.
반드시 죽는데 오늘이 아닐 수도, 오늘일 수도 있다는 것 뿐입니다.
그리고 나이 든 나는 만일(10,000日) 안에 죽습니다.

3.

책임편(22개)

어른을 상징하는 덕목은 책임감.
물리적으로나 경제적으로나
가장(家長)은 책임자!

생물학적 죽음 뒤에도
경제적 책임을 다하게 해주는
고마운 금융상품이
종신보험!

종신보험을 가입하지 않은 가장의
세 가지 죄

종신보험을 가입하지 않은 가장이 짓게 되는 세 가지 죄가 있습니다.

첫째, 공금유용죄입니다.
가장이 벌어들이는 소득은 가장 개인을 위한 것이 아니고 가족 모두를 위한 것이니
그 중 가족을 경제적으로 지키는 금융상품인 종신보험료를 치르고 있지 않다면
공금을 다른 곳으로 유용한 것과 다름 없으니까요.
자동차를 사고 자동차보험을 가입하듯, 가정을 이룬 가장은 종신보험이 필수입니다.
자동차보험은 가입하지 않은 것만으로도 범칙금이 나오지만,
종신보험을 가입하지 않으면 사고시 가족들의 경제적 고통으로 범칙금을 대신합니다.

둘째, 책임회피죄입니다.
결혼서약서를 확인하지 않아도 평생 책임지기로 한 배우자가 있고
아이들이 태어났을 때 가슴에 안고 느꼈던 책임감과
열심히 일하다 지칠 때 힘을 내는 이유가 가족 때문이라는 것을 기억합니다.

셋째. 가난방조죄입니다.

간혹 종신보험을 거절하는 이유가 '나 죽고나서 무슨 소용이냐'라는 생각 때문인데

사실 그런 생각을 고집하는 경우엔 답이 없어요.

나 죽고 난 이후에 가족들이 힘들게 살든 말든 알 바 아니라는 얘기니까요.

다만 사람이 짐승과 분명히 다른 점이 있다면 죽어서도 가족을 책임진다는 점이고

그 방법을 종신보험으로 선택할 수 있다는 게 정말 다행 아닌가요?

특히 대출을 상환하지 못한 채 세상을 떠나는 경우에는 가장의 사망과 동시에 가난에 빠지게 되어 사랑하는 배우자와 자녀들이 새로운 고생길을 걸어가게 합니다.

그러려고 가족을 만든 게 아니잖아요.

아버지의 사망으로 가난해져 본 경험이 있는 사람이라면 이 세가지 죄에 대한 공감이 클 거라 생각합니다. 종신보험은 아버지의 경제력을 대신합니다.

종신보험의 의미는
'먹이고 가르치겠다'입니다.

부모가 자식에게 해줄 수 있는 가장 기본적인 복지혜택은
먹이고 가르치는 것이고 이것을 '생계비'와 '교육비'라고 말합니다.

동물의 세계에서도 마찬가지죠.
어미 새가 먹이를 물고와 새끼새들을 먹여살리고 나는 법을 가르치고,
사자 역시 어린 사자들의 사냥법을 가르치지요.
짐승들도 본능적으로 해내는 생계문제와 교육문제를
사람인 우리가 해결하지 않는다면 짐승보다 못하다는 겁니다.
사람이 짐승들과는 확실히 다른 점이 있다면
죽어서도 책임질 수 있다는 점이고
이 방법으로 종신보험을 이용한다는 점입니다.
그래서 종신보험의 정의를
먹이고 가르치는 비용의 책임액이라고 할 수 있습니다.

보험금의 크기를 결정하는 방법은
남은 가족들이 3년 정도는 버틸 수 있을 만큼의 생계비와
현재부터 남아있는 교육기간에 필요한 최소교육비를 더하는 방법이고,
혹시 채무액이 있다면 그 금액을 더한 만큼의 사이즈로 결정하시면 됩니다.

보험료가 부담스러울 경우,

납입기간을 늘리거나 정기특약을 조립하는 방법이 있으나

보장의 우선순위 첫 번째는 채무상환 필요액이고

그 다음이 생계비, 교육비 순서입니다.

세월이 아무리 흘러도 인간을 포함한 동물의 세계에서

새끼들을 먹이고 가르치는 건 변하지 않는 본능이고

사람은 사후(死後)에까지 그 책임을 다한다는 점이 다를 뿐입니다.

대출상환을 못한 채 떠날 경우
종신보험이 대신하게 하세요!

대출로 인하여 가구당 이자부담이 너무 크게 상승하여 저축여력도 없는 상황인데 만일 병이나 사고로 세상을 먼저 떠나게 되는 경우를 걱정해 본 적 없나요?

가장이 죽어서 생기는 가난이 가장 질 나쁜 가난이라는 말은 겪어본 사람은 잘 압니다. 소득 주체인 가장이 사라지면 월소득 필요액과 대출상환 필요액으로 인해 사실상 경제적 어려움이 두 배로 상승하게 됩니다. 남은 가족끼리 가장을 대신할 경제활동을 하거나 삶에 적응하는 시간 동안에도 대출이자나 원금상환 문제는 멈추지 않습니다.

가장의 사망과 동시에 채무액은 남은 가족에게 마이너스로 작용하여 제로(0)나 플러스(+)로 돌아설 때까지 상당한 고통의 시간을 겪게 합니다. 그러려고 대출 받은 게 아닌데 결과는 그렇습니다. 종신보험금으로 채무라도 정리할 수 있다면 최소한 제로(0)부터 시작할 수 있고 보험금이 충분하다면 남은 가족이 당분간 버틸 생계비와 교육비로 활용할 수도 있습니다.

이러한 이유들로 종신보험 설계는 보험금 설계이지 보험료 설계가 아닙니다.

가장의 사망은
사랑하는 자녀가 물에 빠진 것과 같은 상황입니다

자식이 물에 빠지면 이 세상 어느 부모든지 무조건 물에 뛰어듭니다.
수영을 할 줄 알든지, 모르든지 상관없이 말이죠.
그런데 우리 인생에서 어쩔 수 없이 자식을 물에 빠뜨리게 되는 경우는
어떤 경우일까요?

부모로서 자식들의 독립을 보기 전에
생물학적인 사망이나 경제적 사망에 해당되었을 때입니다.
나를 이어 사는 내 아이들을 구해낼 수 없게 되었을 때
누군가가 나타나서 내 아이들을 건져준다면 어떤 마음이 들까요?
생명보험은 나의 경제적 사망 시에 나타나는 또 다른 '나'입니다.

보완재가 아닌 대체재로서의 역할을 약속받는 행위가
바로 종신보험 가입입니다.
어떤 상황에서도 책임을 다하게 해주는 고마운 금융상품입니다.

부모의 꿈은
자녀의 경제적 독립입니다

과일나무의 꿈이 '열매'이듯이,
부모의 꿈은 '자녀의 독립'입니다.
비바람에 가지가 꺾일 경우
나무는 다른 가지를 통해 그 꿈을 이루듯,

우리가 사망과 중대 질병으로
더 이상 자녀를 돌볼 수 없을 때
또 다른 대책인 '종신보험금'을 통해
우리의 꿈의 1호인 자녀독립을 완성해야 합니다.

사람과 짐승의 아주 다른 차이점 중 하나가 바로
죽어서도 책임을 지느냐, 안 지느냐의 차이이기 때문입니다.
가장(家長)을 평가하는 가장 아름다운 덕목은 바로 '책임감'입니다.

다이빙 보드
화법

고객님이 앉아 계신 책상 위에 다이빙보드를 설치하고 그 끝에 1억을 매달아 놓으면 걸어가서 가져가시겠습니까?

(예)

당연히 안전하니까 그러시겠죠.
그러면 이번엔 장소를 바꿔서 63빌딩 꼭대기에 다이빙보드를 설치하고 그 끝에 1억을 매달아 놓는다면 어찌하시겠습니까?

(예)

용감하시군요.
그런데 고객님 몸값이 1억과 바꿀 만한 크기이십니까?
혹시 비가 와서 미끄럽고 바람 불어 흔들려도 가시겠습니까?

(아니오)

네, 가면 안 됩니다. 고객님 몸값이 최소 10억은 되시니까요. 그런데 고객님, 매달려 있는 것이 1억이 아니고 사랑하는 자녀 ○○라면 어쩌실 것 같으세요? 위험해도 가시겠죠?

(네)

맞습니다.
고객님은 자신의 목숨보다
자녀를 사랑하시는 진정한 가장이신 겁니다.
종신보험의 시작은 가족에 대한 가장의 책임을 실천하는 것이고
종신보험의 끝은 내 가족이 그 내용을 기억하고 기리는 것입니다.

모든 어른들은
이미 보험하고 있습니다

보험업에 종사하지 않아도

우리 어른들은 현재 보험을 하고 있습니다.

보험 = "保" + "險" : 위험한 일에 대해서 보호한다는 뜻이죠.

살면서 험한 일이란

아프거나, 다치거나, 죽거나, 돈이 없거나 등인데

부모로서 돈벌이를 하고 있다는 건

바로 이런 험한 일에 대비하여

계속적인 소득으로 보호하고, 보장함으로써

이미 보험하고 있었다는 겁니다.

그런데 문제는 나의 소득이 중단되었을 때는

누가 나를 대신해서 내 가족들에게 소득을 계속 공급해줄 수 있냐는 겁
니다. 형제자매가요? 이모가요? 할아버지가요?

부의금을 남보다 더 낼지는 몰라도 나를 대신할 만큼은 아닙니다.

종신보험료로 내는 돈은

스스로 '또 하나의 나'를 만들어 가는 재료인 것입니다.

가족을 사랑하십니까? 그렇다면 '보험' 하세요.

여성에게도
꼭 필요한 종신보험!

종신보험은 여성에게도 필요합니다.

맞벌이 여성의 월 소득이 200만 원일 경우 월 200만 × 12개월 × 10년 치 = 2.4억이고, 주부일 경우 가사도우미 인정 비용으로 월 100만 가정 시 10년치만 곱하여 계산해도 1.2억입니다.

이런 식으로 보면 여성의 부재 시 생활자금으로 최소 매월 100만 원은 더 필요하기 때문에 남편의 입장에서, 자녀의 입장에서 아내의 경제적 가치를 보장받는 일은 반드시 필요합니다.

다만, 일시금 수령을 선택할지,
매월 생활비지급형으로 선택할지만 결정하면 됩니다.

물론, 자녀 독립 이후까지 생존한다면 그간의 적립금으로 연금으로 전환하여 수령하든지, 해약을 통해 자녀 결혼자금이나 창업자금으로도 활용할 수 있습니다.
이 역시 아깝거나 괜히 준비하는 건 아니라는 뜻이지요.

종신보험의 사이즈도
선진국 수준으로 바꾸기!

'재무설계는 인생 전반의 평생자금을 마련하는 것이고, 그 재료로써 저축과 보험을 사용하는 것이다. 저축은 재무설계의 시작이고, 재무설계의 완성은 보험이다. 목적자금은 꿈의 시작이고, 그 꿈의 완성은 종신보험이다.'

이런 말이 있습니다. 공감하십니까?

꿈을 위한 빚을 내게 되면 그 빚을 갚기 위한 별도의 저축을 하게 되죠. 그러나 빚 갚는 중간에 경제력을 상실할 경우엔 배우자나 자녀에게 그 빚이 넘어가죠. 꿈은커녕 절망과 고통만 남기게 됩니다. 현재 채무액만큼의 종신보험금은 최소 현재보다 나빠지지는 않게 해주죠.

보험금이 3억인 경우엔
자녀 독립까지의 교육자금과 생활비, 그리고 배우자의 창업자금 마련까지 완성됩니다.

참고로
삼성생명이 2009~2018년까지 지급한 인당 평균사망보험금은 2,995만 원이었는데

미국의 평균사망보험금은 평균가구소득의 2.75배 수준인 163,000달러이었고(약 1.9억 원), 일본은 평균 가구소득의 4배 정도인 2,255만엔(약 2억4천만 원)이었습니다.

이미 선진국인 대한민국도 가장의 사망보험금은 평균 가구 연소득의 3배 정도인 1.5억~2억까지는 준비되어야 한다고 생각합니다. 물론 채무액까지 해결하려면 3억 플랜이 바람직한 것이고요.

먹는 것과 입는 것에만 선진국 수준이어서야 되겠습니까?

투자의 금융습관도, 사망보장을 충분히 확보하는 종신보험금의 수준도 선진국 수준이이야 앞뒤가 맞는 것이죠.

가장의 경제적 책임을 다하게 해주는 종신보험!

내가 아플 때 내 직장이 나를 지켜 줄 수 없듯이,

내가 운명을 달리했을 때

내 친구와 가족들이 곁을 지켜 주겠지만

나의 못다 한 경제적 책임에 대해서는

아무도 대신해줄 수 없습니다.

오직 종신보험만이 그 역할을 대신합니다.

우리들 자녀들에게 있어서 지켜 줘야 할 어린 시절이

오직 한 번뿐이듯,

우리 부모들에게 종신보험을 준비할 수 있는 날도

경제력과 신체가 건강할 때뿐입니다.

내일 해도 될 일로 미룰 일이 절대 아닌 것입니다.

미룬다는 것은 해도 되고 안 해도 된다는 말과 같으니까요.

가정도 작은 국가!
반드시 지켜야 할 것을 정하세요

우리는 자주 우리나라의
국방력, 국가경쟁력, 국가의 복지 수준을
꼬집고 논하지만,

정작 한 집안의 가장이 마련하는 우리 가정의 보장자산,
우리 가정의 경쟁력, 가족에게 베풀어 줄 복지혜택에 대해서
스스로 꼬집는 것에는 관대하고 게으릅니다.

그 중에서도 부모가 자녀에게 해줘야 할
가장 기본적인 두 가지 복지혜택은
교육비혜택과 생활비(의료비)혜택이라고 했으니
종신보험을 가입하는 순간
이 두 가지가 확정지어진다는 것을 기억해주십시오.

보험회사에게 나를 대신하여 책임지게 할
필수자금은…

우리가 살아가면서, 벌 돈이 많을까요? 쓸 돈이 많을까요?
간단하게 계산해보면….

벌 돈 = 30~60세까지 매월 평균 400만시 × 360개월 = 14.4억

쓸 돈=
1. 생활비(자녀 독립 전): 월 200만시 × 12 × 30년 = 7.2억
2. 교육비: 자녀 인 당 1억 가정 시 × 2명 = 2억
3. 주택비: 구입 또는 확장 시 추가 필요예상 = 2억
4. 자녀 결혼비: 남자 1억 + 여자 5천 가정 시 = 1.5억
5. 노후생활비(자녀 독립 후): 월 150만시 × 12 × 30년(~90세) = 5.4억
   …쓸 돈의 합계 = 18.1억

결국, 벌 돈 14.4억 〈 쓸 돈 18.1억으로 3.7억 부족합니다.

종신보험은 반드시 쓸 돈 18.1억 중에서도
특히 1번 가족 생활비와 2번 자녀 교육비만큼은
반드시 보장받고자 가입하는 겁니다.

종신보험료의
적절한 사이즈와 그 역할

종신보험료의 적절한 소득대비 지출 규모는 10%라고 합니다. 월 소득이
400만 원인 사람은 40만 원이고, 200만 원인 사람은 20만 원, 월소득이
2,000만 원인 사람은 200만 원 정도입니다.

이 보험료가 아까운 것은
내가 수령하지 못한다는 점에 국한된 생각 때문이고,
이 보험료를 흔쾌히 낼 수 있다는 것은
내가 사랑하는 배우자와 자녀를 나의 생물학적 죽음이 아닌
경제적 죽음으로부터 구하고자 하는 생각인 거죠.

10%의 보험료는 10년치의 가족 생활비를 확정지어 주는 가치를 가졌죠.
월 400만 원의 소득자가 아낀 월 40만 원을 10년간 저축하면 4,800만
원이고 4,800만원으로 할 수 있는 일은 자동차 교체, 전세자금 인상 정
도이지만 보험금으로 받은 2~5억은 배우자와 자녀들이 현재의 삶의 수
준을 상당 기간 유지할 시간을 벌어 주고, 가장으로서 못 다 한 경제적
책임을 다하게 해줍니다.
보험 가입의 목적은 해약환급금이 아니라 '보험금'입니다.

'가족을 책임진다'라는 말의 의미는
죽어서도 지켜지는 약속이어야 합니다

자녀를 진심으로 사랑하십니까?

배우자를 진정으로 사랑하십니까?

그 사랑을 증명할 만한 증거는 어떤 게 있습니까?

고객님은 자녀나 배우자를 대신해서 죽을 수도 있나요?

살아 있는 입에서는 들을 수 있는 말이고, 볼 수도 있는 약속이지만

죽은 사람의 입으로는 아무것도 들을 수도, 지킬 수도 없습니다.

'가족을 책임진다'라는

의미는 죽어서도 지켜지는 약속이어야 합니다.

보장자산이 없는 남편이 '사랑한다' 하였다면

'내가 살아 있을 때까지만 사랑한다'는 말일 수 있습니다.

보장자산이 없는 아빠가 '사랑한다' 하였다면 그 말 역시,

'내가 돈 벌 때까지만 책임지겠다'라는 뜻일 수 있습니다.

그 방법을 종신보험이 제시하고 있습니다.

가입할지, 말지가 아니라

책임질 금액과 납입 가능한 보험료에 대해서만 FC와 논의하십시오.

종신보험은
물어보고 가입하는 게 아닙니다

남자는 보호하는 맛, 지키는 멋으로 사는 존재입니다.

배우자와 논의해보겠다는 말은

'여보, 나 죽더라도 빚은 남기지 않으려고 하는데 괜찮겠어?'라고 묻는 것이고

아이들에게 '아빠가 없더라도 너희들 생계비와 교육비는 남기려 하는데 어떠니?'라고

묻겠다는 것과 같지요.

가족들에게 보호해도 되냐고 물어보고 보호하는 건 보호하고 지킬 생각이 없는 것과 같지 않나요?

경제적 위험으로부터 가정을 지키는 데 필요한 보험료 지출에 대한 결정권은 가장에게 있는 겁니다.

물어보고 지키는 건 권리와 의무를 회피하거나 양보하는 모습이 아니겠습니까?

가장의 이름은 세 가지입니다.

첫 번째 주수입원,

두 번째 사랑하는 아내의 남편,

세 번째 목숨 바쳐 지킬 아이들의 아빠….

물론 현명한 배우자는 가장의 종신보험 가입에 당연히 동의하는 게 맞구요, FP(FC)가 필요한 이유는 그 가장의 몸값 계산과 포트폴리오상 적절한 보험료 결정과 최고보장의 상품조립 때문입니다.

종신보험으로
보장받아야 할 금액 계산해보기

대한민국 40세 가장에게 필요한 보장금액을
여러 가지 경우로 생각해보겠습니다.

1) 10년치 연소득 기준 = 연 소득 4,000만 시 × 10년 = 4억

2) 최소 생활비 5년치 = 월 200만 × 60개월 = 1.2억

3) 자녀 교육비 책임 기준 = 인 당 1~2억 × 2명 = 2~4억

4) 주택 관련 부채 기준 = 최소 1억

5) 남은 가족 인 당 1억 시 = 3억

6) 확정적 소득기간 예상치로

40~45세 = 연 4천 × 5년 = 2억

40~50세 = 연 4천 × 10년 = 4억

40~55세 = 연 4천 × 15년 = 6억

40~60세 = 연 4천 × 20년 = 8억

40~65세 = 연 4천 × 25년 = 10억

결론적으로,

최소 채무상환용 1억에서 25년치 소득 10억 정도가 보장된 삶을 사셔야
합니다.

당신의 현재 보장자산은 얼마입니까?

종신보험의 가치를 바로 알게 되면
망설일 시간이 없어짐

종신보험을 준비하기 위해

얼마나 더 고민하고 망설여야 합니까?

자녀가 물에 빠지면

목숨 걸고 뛰어들 고객님인 걸 스스로 잘 알면서도,

가장이 사망한 시점이 바로

자녀가 물에 빠지게 되는 시점이라는 걸

인정하고 싶어 하지 않는 사람이 많은 것 같습니다.

단지 육체적 죽음과 경제적 죽음의 차이일 뿐,

사랑하는 배우자나 자녀를 위해서 희생하는 건 같은 이치입니다.

자녀를 살리고자 한다면 가장이 살아 있을 때 준비하는 게 당연합니다.

보험가입을 망설이는 이유가 있다면

1) 보험회사나 FC가 마음에 들지 않을 때,

2) 돈은 벌지만 집행에 대해서는 권한이 없을 때

3) 아픈 곳이 있어서 가입이 될지, 안 될지 걱정될 때뿐입니다.

가장의
기도문

도둑이 들면 도둑을 잡습니다.

강도가 들어오면 강도와 싸워서라도 가족을 지킵니다.

불이 나면 불을 끄고, 장마가 예고되면 사전 준비를 합니다.

나는 남자이고 아빠이고 남편이니까요.

그런데 중대한 질병이나 죽음에 대한 준비에는

게으르거나 인색합니다.

'저에게 제가 죽은 뒤에도

가족을 지키고자 하는 지혜를 주세요!

저에게 들어온 소득의 10%를 보장자산 마련에

쓸 수 있는 용기를 주세요!'

저는 '보호하는 맛'에 살고 '지키는 멋'에 사는 '남자'니까요….

종신보험이 저렴하지 않은 이유는
지켜낼 가치가 크기 때문!

쉽게 생각해 볼게요.

보통 1억 미만의 자동차를 위한 보험 가입금액이 5억이라면

그 보험료와 보장금액이 적절한가요?

그럼 이번엔 연소득이 1,000만 원인 40세 남자의 몸값 보상에 어울리는

보장금액은 얼마일까요?

→ 연소득 1,000만 × 소득기간 20년 = 2억!

2억의 보장이 필요한 시기는 현재 시점이고

50세라면 남은 10년치 예상소득인 1억의 보장이 필요하며

55세라면 60세까지의 5천만 원의 보장이 필요하겠지요.

즉, 종신보험 가입시점에 2억과 1억과 5천 중에서 선택하는

일만 남는데 보통 보장공백을 없애고자 2억을 선택하거나

보험료 여력이 안 되면 1억 이하를 선택하게 되겠지요.

여유가 없으면 현재의 채무액만큼을 구입해야 하고

여유가 있다면 가족들의 10년치 생활비와 자녀교육비를 종신보험으로

준비해야 합니다.

이렇듯 오랜 기간과 큰 금액에 대한 보장목적을 가진 이유로

종신보험은 비싼 편입니다.

가장이 무조건 책임져야 할
두 가지는 생활비와 교육비입니다

살아 있을 때 벌어서 자녀와 배우자에게 주는 돈을
'용돈', '교육비', '생활비'라고 합니다.

죽어서 못 벌게 되었지만
자녀와 배우자에게 줄 수 있는 돈을
'보험금'이라고 합니다.

그래서 보험금의 다른 이름은 '가장의 책임액'이라고 하고,
그 책임액의 최소치는 자녀 교육비와 가족 생활비를 합친
금액이어야 하는 겁니다.
이와 같은 생각 없이 종신보험을 그냥 1억, 2억, 3억 식으로 가입하는
건 마치 연금보험을 가입할 때 타고 싶은 월 연금액으로 계산하지 않고
보험료 20, 30, 50, 100만 원으로 가입하는 것과 다를 바 없어서 목적지
없이 항해하는 배와 같아진다는 걸 아셨으면 합니다.

최선(最善: 착한 가장이 할 일)과
최선(最先: 가장 먼저 할 일)은 종신보험!

최선을 다해 살고 계십니까?
최선이라는 말은 할 수 있을 만큼 다한다는 의미입니다.
최선을 다해 사는 목적은 행복을 완성하는 것이고
행복의 구체적인 목표는

잘 먹기(생활비) + 자식 낳아 잘 기르기(교육비) + 좋은 집 사기(주택자금) + 자녀 결혼시키기(결혼자금) + 노후에 부부가 돈 걱정 없이 살기(노후자금) 등이죠.

이 모두가 살아 있다는 전제 하의 행복 목표입니다.

최선이라면
죽음 뒤에 남겨질 가족에 대한 책임량도 고려되어야 하죠.
외면하시면 안 됩니다.
최선은 한자로 '最善'입니다. 착한 아빠라는 겁니다.
그래서 종신보험은 '最先',
즉 가장 먼저 준비해야 하는 행복의 0순위에 위치합니다.

경제적 사망을 극복하게 해주는
종신보험료의 강제 배분

"성공의 95%의 결과는 습관에 달려 있으니
성공하는 사람은 성공하는 습관을 가지고 있고
실패하는 사람은 실패하는 습관을 가지고 있을 뿐이다"라는
말처럼
살면서 보면 늘 돈이 마르지 않는 사람이 있고
잘 벌면서도 늘 돈이 없어 쩔쩔매는 사람이 있습니다.

사는 게 성공이고, 죽는 게 실패라면
누구나 한 번은 실패하게 되지요.
피할 수 없는 실패인 '죽음' 중에 '경제적 죽음'은
종신보험으로 커버할 수 있으니
소득의 일부를 강제 배분하시는 게
현명한 어른(아버지)이 할 일입니다.

강제 배분을 재무설계의 용어로는 '포트폴리오'라 하고
재테크 포트폴리오를 지키면 최소한 실패하지 않습니다.

가난한 삶을
겪어 보셨나요?

가난한 삶을 겪어 보신 적이 있나요?
한 달치 월급이 밀리거나 못 받게 되면 당장 무엇이 걱정됩니까?
전기, 수돗세요? 쌀 걱정이요? 자녀 학원비요? 휴대폰 요금요?

한 달은 줄이거나 빌려서
해결할 수 있습니다만,
계속 소득이 끊어지게 된다면
빌려서 해결할 수 있을까요?

아니면 먹는 것이나 아이들의 학원과 학교를 포기해야 하나요?
보통 사람들의 가난은 한 달치 급여만 못 받아도 시작됩니다.
그 불편함이 싫어서 열심히들 돈을 벌고 저축하지 않습니까?

중요한 사실은,
내게 설마 그런 일이 생기겠느냐고
보험을 무시하는 경우와
혹시나 그런 일이 있을지라도
재정적으로 끄떡없게 하겠다고 준비하는
두 부류의 어른이 있다는 겁니다.
어떤 어른일지의 선택은 당신 몫입니다.

4.

가치편(25개)

보험료 2~30만 원이
보험금 1억으로 바뀌는 걸
가치의 변환이라 한다.

한 달 생활비 2~30만 원을 줄여서
4~5년치를 가족 생활비를 확보하는 건
어른의 지혜이다.

원금을 돌려주는
세금이라 생각하세요

평생 모든 소득에는 세금을 내고 있으며 그 세금은 연말정산 환급 외에
대부분 돌아오지 않는 지출입니다. 가령 세금을 내기 때문에 국가로부
터 병원의료비혜택부터 노후 기초연금까지 혜택을 받고 사는 것처럼 종
신보험료를 내기 때문에 나의 사망 이후에 가족들의 돈(경제력)의 생존
을 이어갈 수 있다고 생각하면 됩니다.

다시 말해서 종신보험료를 세금이라 생각하되 환급을 받는 세금이라 생
각하면 간단하다는 말씀입니다. 살아서의 환급은 해약환급금이고 죽어
서의 환급은 사망보험금인 것이죠.

통상 소득의 10% 정도를 종신보험료의 적절한 포트폴리오라 하는데 세
금이라 여기기엔 비중이 크기 때문에 환급금을 기대하는 건 당연하지만
환급률 기대치를 낮춘다면 보험료는 10% 미만의 수준으로 가입할 수 있
는 상품들이 많이 나와 있으니 비교 검토 바랍니다.

경제적 구속과
경제적 자유

경제적 구속이란
가장의 사망 이후 먹고살기 힘들어지는 걸 말하고
경제적 자유는
가장의 사망 이후에도 시간적인 퇴보 없이
현재 삶의 수준을 지키며
더 나은 삶을 위해 노력할 수 있는 여유를 의미합니다.

결국 내가 자녀를 통해 계속 살아가는 것이니까요….

이점이 바로
종신보험금이
최소한 가장의 경제력을 대신할 만큼의
사이즈(size)여야 하는 이유입니다.

그리고 현재를 구속하여 미래를 자유롭게 하는 결심은
어른일수록 가능한 일입니다.

보험금 1억의 의미:
종신보험 최소 가입금액의 기준

종신보험은 가치(value)로 구입하는 금융상품!

보험료 20만 원 = 한달 외식비 2회 / 범칙금 3회 / 골프 1회의 비용 등.

그러나 보험료 20만 원으로 구입한 보험금 1억은

그 가치가 다르지요.

보험금 1억

= 생활비 200만 × 50개월치(4.1년): 당분간 버티게 해줄 돈

= 자녀 1명 대학 졸업까지 교육비: 자녀를 기죽이지 않을 돈

= 배우자 창업자금: 배우자를 3D 업종에 보내지 않을 돈

= 빚 청산자금: 더 이상 가난해지지 않게 할 돈

= 주택처분을 막아 줄 자금: 집주인 눈치 보지 않게 할 돈

= 노후에 기초노령연금이 하나 더 생기는 것 같은 저축

즉, 종신보험 20만 원의 가치를

위와 같은 여섯 가지 다른 가치로 바꾸는 일!

이것이 생명보험입니다.

※ 1억 = 20만씩 × 500개월치 저축: 41년치의 저축액을 보장 받는 일!

이 세상에
종신보험이 없다면…

이 세상에 종신보험이 없다고 생각해보면
어떻게 질병과 사망에 대한 경제적 보장을 마련할 수 있을까요?

저축은 살면서 쓸 돈을 모으는 대책이고 그것마저도 목적하지 않았던 곳
에 쓰일 경우가 많아서 적절치 않고요,
주식은 돈을 불리려는 목적이 대부분이지 남기려는 목적과는 거리가 있죠.
주택(부동산)도 삶의 기본이지 그걸 팔아 생계비로 쓰려는 대상은 아니죠.

종신보험을 갖고 싶어 하는 이유가 있다면
평소 적은 지출을 통해
저축으로 해결하지 못 할 만큼의 큰 금액을
가족들에게 만들어 남겨줄 수 있기 때문입니다.

황금 알을
낳는 거위

옛날에 황금알을 낳는 거위를 키우는 농부가 있었어요.

이 황금거위는 매달 황금알을 4개 정도를 낳아 주는 고마운 놈이었지요.

그런데 어느 날 이 거위가 다쳐서 들어왔고 그 후로는 황금알을 한 알도 낳았다가, 두 알도 낳았다가….

농부는 일정한 소득을 기대할 수 없게 되었죠.

농부는 이러다가 아예 못 낳게 될까 두려워 보험을 들기로 결심했어요.

매달 네 알씩 낳아서 한 달에 200만 원씩을 벌게 해주었고 10년치는 보상받고 싶어서 한 달에 50만 원으로 2.4억의 보험을 들었어요(월 200만 × 12개월 × 10년치).

고객님 가정에도 이런 황금거위가 있다면
보험을 가입하시겠어요?
황금거위인 '가장'을 위한 종신보험은
젊고 건강할수록 저렴하답니다.

※ 설계 시 주요 고려사항

* 가장의 몸값 계산:

   월 소득 300만 시 × 12 × 25년치(30~60세) = 10.8억

＊ 적절한 보험료 포트폴리오로 소득의 10% 책정

＊ 정해진 보험료로 만들 수 있는 최대 일반사망 보험금 조립

　(납입기간의 조정, 정기특약의 조립 등)

＊ 선택특약 부가 또는 건강보험으로 분리, 생존급부 늘리기

종신보험은 보험료 20만 원이
1억으로 바뀌는 가치의 변화

종신보험료는 적지 않은 금액입니다.

1억을 보장받는 한 달 보험료가 20만 원이라면

20년간 총액은 4,800만 원이지요.

중대형 자동차 한 대 값이죠.

그래서 납입의 가치가 분명해야 합니다.

20만 원을 내고 1억을 보험금으로 받는 경우는

사망수익률이 500%나 되니 생각해 볼 것도 없고요.

20년 납입완료 후에 보험금 탈 일이 있다 해도

약 2배의 가치죠.

만약 65세 자녀 독립 후까지 생존 시에는

보험금과 적립액이 비슷해질 것이니

이때부터는 인출을 하든, 연금으로 전환하든

실물자산으로 활용할 수 있습니다.

종신보험의 납입기간이 1년짜리일 수 없는 까닭은

1억으로 가치변환하기엔 너무 적은 보험료이기 때문입니다.

재무설계의
0순위는 종신보험!

사막이란 강수량보다 증발량이 많은 곳을 말합니다.

살기 힘들죠.

잘 달리는 고급 승용차가 엔진과 브레이크 모두 좋아야 안전하고,

축구경기에도 공격과 수비가 균형을 이루어야 이길 수 있듯,

인생에 대한 재무설계 역시 보장플랜과 저축플랜이 균형을 이루어야 실패

하지 않습니다.

대부분 어느 것이 우선이라고 판단하기는 힘들지만

분명 재무설계는 '보장'이 우선되어야 합니다.

나의 재테크 목표(저축, 주택, 은퇴, 상속플랜)가

어떠한 경우에라도(사망, 질병, 은퇴) 완성될 수 있게 해주기 때문입니다.

종신보험의 가입목적은
크게 다섯 가지

종신보험은 보장과 실물자산이 결합된 whole life insurance.

1) 가장 먼저 빚(채무)을 남기지 않기 위해 준비합니다.
   플러스 자산은 커녕 마이너스 자산을 남기는 일은 없어야 하니까요.

2) 두 번째 가입목적은 유가족이 당분간 버틸 생활비를 남기기 위함입니다.
   월 생활비를 200만 원씩 3년간 버틸 만큼이라면 7,200만 원이 되고
   월 생활비를 300만 원으로 계산시에는 1억 800만 원이 책임액입니다.

3) 세 번째는 자녀들의 최소 교육비를 남겨주기 위한 목적이 있는데
   예로 고등학교 2학년 자녀와 중학교 1학년 자녀가 있는 경우,
   *중1 : 고3까지 6년간 매월 30만시 2,160만 + 大 4,000만 = 6,160만
   *고2 : 고3까지 2년간 매월 30만시, 720만 + 大 4,000만 = 4,720만
   따라서 두 자녀의 최소 교육비 합계는 1억 880만 원이 되지요.

4) 네 번째는 자녀 독립 시까지 가장이 생존할 경우, 그때까지의 적립액
   (원금+이자)으로 소득 없는 노후에 연금으로 전환하여 사용할 수 있
   다는 점입니다.
   (1) 국민연금   (2) 주택연금   (3) 개별연금 : 연금저축 + 연금보험

(4) 퇴직연금   (5) 종신보험의 연금전환

5) 다섯 번째 중요한 기능은 배우자, 자녀 입장에서 상속세를 납부할 수
있는 재원이 되기때문에 고유의 상속자산을 급매처분하지 않고 자녀
에게 상속할 수 있게 합니다.

보험을 들지 마세요,
안 죽을 수도 있잖아요…

보험을 들지 마세요.

암에 안 걸릴 수도 있잖아요?

교통사고에서 나만은 멀쩡할 수도 있잖아요?

자녀들 독립하기 전에 안 죽을 수도 있잖아요?

상속세를 걱정하지 않을 만큼 부자가 안 될 수도 있잖아요?

연금도 들지 마세요.

연금이 필요 없을 만큼 일찍 떠날 수도 있는 일이잖아요?

이제 속 시원하세요? 마음이 편하세요?

우리가 사는 목적은 행복하기 위함이고,

그 행복을 유지하고 싶어 하는 것이지요.

보험은 살아서는 나에게, 죽어서는 함께하던 가족에게 경제적인 고통을

막아 주려는 의도로 준비하는 겁니다.

돈이 많아서 준비하는 게 아닙니다.

돈이 없을까 봐 준비하는 겁니다.

종신보험은
'돈나무'를 심는 일!

종신보험과 연금보험은 나무를 심는 일과 같습니다.
오래도록 열매를 제공해주는 과일나무를 심는 일입니다.
평생 돈이 마르지 않게 하는 시스템을 '재무설계'라고 하고
종신보험과 연금보험이 그 대표적인 과일나무입니다.

과일나무를 화분에 심지는 않듯
큰 그릇(금융기관, 장기상품)에 담아야 하고,
과일 열매를 1~2년 만에 얻을 수 없듯
기다리는 시간이 필요하며(납입 및 거치기간),
내가 심고 키운 나무를 자녀들이 이어 받을 수 있도록
상속, 증여할 수 있어야 합니다.(계약자 변경 및 절세)

왜냐하면 그 나무는… '돈 나무'이니까요!

살면서 가장 잘했다고
생각하는 것들 중에…

살면서 당신이 하신 일 중에서 가장 '잘했다'라고 생각되는 건 무엇입니까? 배우자 선택이요? 주택 마련이요? 자녀 출산이요? 고급 자동차 구입이요?

또 살면서 가장 후회되는 건 무엇입니까?
직장 선택이요? 사업 실패요?

우리들이 대학을 가지 못한 것을 콤플렉스로 여겼던 세대였다면 우리 자녀들 시대에는 유학을 가지 못한 사실이 콤플렉스일 수 있습니다. 과거나 현재나 '돈' 문제입니다.

문제는 부모가 살아 있으면서 돈이 없다면
돈을 벌면 되겠지만
부모가 없을 때 돈이 없는 건 방법이 없지요.
제가 살면서 가장 잘한 일은 종신보험금 사이즈를
대출상환과 자녀교육비를 해결할 수 있을 만큼이라도 준비한 사실입니다.
훗날 제 자녀들도 아마 이 방법을 쓰게 될 겁니다.

우산과도 같은,
혹은 치과에 가는 일과도 같은 보험 준비

일주일을 살아 봐도
맑은 날, 흐린 날, 비 오는 날이 있습니다.

맑은 날에 우산을 사두어야 하는 법이지만,
우리는 비 올 때 삽니다.
왜냐하면 비 올 때 우산이 더 비싸지만 그게 더 편하니까요.
집에 우산이 있는데도 말이죠.

이가 참을 수 없이 아플 때가 되어야만 치과를 가게 되지 않나요?
두렵거든요.
곧 나을 수도 있다고 생각하거든요.
당장 죽고 사는 문제는 아니었거든요.

보험이 그렇습니다.
막상 암에 걸린 후에야 암보험 가입하지 않은 걸 후회하고,
죽고 나서야 종신보험이 없었다는 사실을 억울해하게 됩니다.

김치는 김치찌개 안에서
가치가 더 빛납니다

김치가 반찬접시에 놓여져 있을 때는 큰 관심이 가진 않지만

김치찌개로 위치를 바꾸게 되면

함께 들어간 두부나 콩나물보다 더 찾게 되는

소중한 먹거리로 변하죠.

돈도 마찬가지입니다.

특별한 의미 없이 1%대 금리로 은행에 매달 30만 원씩 적립되고 있는 돈을,

종신보험이라는 그릇에 옮겨 담으면

그 30만 원은

가장유고시 가족의 생계자금 1억~3억 정도로 전환되거나

대출을 상환할 수 있는 자금으로 그 가치가 변합니다.

게다가, 세금에서 완전히 자유로워지고,

장기적 금리 또한 은행보다 유리해집니다.

이런 점이 생명보험이 갖고 있는 "가치(value)"입니다.

보험료의 가치변화
결과는 보험금!

'몸'이 '머리'를 지배할수록
하등동물에 가깝다고 할 수 있습니다.

여기에서 '몸'은 본능에 가까운 일들이죠.
먹는 일, 자는 일, 노는 일, 생각하기 싫어하는 일 등.
또 '머리'는 본능을 이겨내는 힘이죠.
참는 일, 미래를 준비하는 일, 생각하는 일, 창조하는 일,
가치 있는 것을 추구하는 일….
사람들이 날씬한 사람을 좋아하고, 머리가 좋은 사람을 좋아하고, 근면
성실한 사람을 좋아하고, 잘 참는 사람을 좋아하는 건 아마도 인간다운
면모의 가치를 존중하기 때문일 겁니다.

인간만이 사용하는 돈 관리도 마찬가지입니다.
생긴 대로의 돈 가치보다 의미가 담긴 돈을 좋아하지요.

20만 원의 가족 식사비용보다는
보험금 1억으로 바꾸어 100만 원씩 100개월치의
유가족 생활비로 가치를 교환하는 것이
훨씬 의미 있는 일이겠지요.

종신보험이
1억은 넘어야 하는 이유

종신보험의 가치를 생각해보셨나요?
한 달에 20만 원으로 종신보험 1억을 가입한다면
남편보다 보험증권을 더 챙길까요?
그렇지는 않겠죠.

만약, 30억짜리 종신보험을 가입한 경우라면
남편을 더 챙기게 될까요,
보험증권을 더 챙기게 될까요?

너무 잔인한 선택일 수도 있지만, 생각해보게 되는 현실입니다. 이 질문의 요지는 보험이 받을 만큼 받도록 가입이 되어야 가치가 느껴진다는 겁니다.
누군가에게 들어주는 보험이 10억짜리일 리 없습니다.

보험은 저축으로 해결하지 못할 만큼의 사이즈를 준비하는 방법입니다.
1억이라는 돈도 보통 사람들이 저축으로 만기에 타본 적 없는 사이즈입니다.
따라서 종신보험금은 최소 1억이 기본 SIZE입니다.

> * 1억 모으기 : 월 저축 20만 × 500개월 = 41.6년 소요!
> * 1억 쓰기 : 월 생활비 200만 × 50개월 = 4.1년치!

자동차 보유대수로는 선진국이지만
사망보험금의 크기로는 후진국인 우리

종신보험의 가입금액이 3억 이상이었으면 합니다.

1) 대출원금을 갚아야 하고 … 1억
2) 자녀들 학자금이 남겨져야 하고 … 1억(초~대학교 기본)
3) 당분간 버틸 생활비가 남겨져야 합니다. … 1억(200만 × 50개월치: 4.1년)

밥 굶지 말라….

빚지지 마라….

애들 교육만은 시켜야 한다….

그토록 부모님부터 듣던 말들이 이제 와서 생각하니
"종신보험을 들어야 한다"였습니다.
왜냐하면 종신보험은
이 세 가지 문제를 해결해주는 유일한 약속이니까요.

자동차보험은 환급되지도 않고
평생을 납입하지만 모두들 가입하는데…

종신보험 가입이 망설여지는 이유는
첫째, 죽음이라는 전제가 기분 좋지 않아서이고
둘째, 끝까지 납입할 수 없을 것 같아서이고
셋째, 당장의 현실 문제가 아닌 것 같아서지요.

이런 생각을 할 수 있다면 달라집니다.
첫째, 나는 언젠가 죽는데 생각보다 빨리 죽을 경우엔 가족에게 반드시
일정액의 보장액이 필요하다.

둘째, 필요해서 가입하면 거의 유지할 수 있고
적절한 포트폴리오 내에서 정한 보험료라면 문제는 없다.

셋째, 죽어서만은 아닌 살아 있는 동안에 납입한 보험료의 적립액을 활
용할 기회가 있다.

자동차 보험을 25세부터 75세까지 50년간 매월 5만 원씩 낸다면 총 3,000
만 원을 내게 되고 원금은 한 푼도 돌려받지 못합니다만 그게 아깝다고
가입하지 않는 사람은 없습니다.

생명보험은 죽어서나 살아서나 다 돌려받을 수 있는 금융상품입니다.

군대가 군대다워야 하듯
보험도 보험다워야 가치가 있습니다

전쟁이 일어나기를 기대하면서 군대를 만드는 것이 아닙니다.

마찬가지로

보험을 준비하는 것도

사망이나 질병이 발생하기를

기대하고 준비하는 게 아닙니다.

군대를 오합지졸로 준비하면 안 되듯

보험금도

본인과 남은 가족에게 꼭 필요한 사이즈를 마련해야

그 효과와 가치가 있는 겁니다.

어떤 상황에서도
나를 배신하지 않는 종신보험!

돈 문제로 형제지간이 배신해도,
종신보험은 나를 배신하지 않습니다.

나의 사망에 의한 내 가족의 가난에 대해
형제간에 도울 수 있는 범위는 거의 정해져 있습니다.
조의금을 많이 내거나 아이들 학자금의 일부를 도와주거나죠.
생활비를 대어 주거나, 빚을 대신 갚아 줄 수는 없어요.

그러나 종신보험은 틀림없이 약속된 금액을 내 가족에게 전달합니다.
다만 보험을 통해 가장이 생활비나 학자금이나 채무정리용 자금을 얼마
나 보장받고 있었는지가 중요하지요.

신체도 황금비율이 있고
삶에도 황금비율이 있지만
재무관리에도 황금비율을 지키셔야 합니다.

저축만으로 인생의 재무목표를
모두 달성할 수는 없는 일이기 때문입니다.

종신보험을 가입한다고
먹을 게 줄어들고 입을 게 줄어드는 건 아닙니다

나는 내 가족을 위해 종신보험을 절대로 들지 않겠다.
내가 죽은 뒤에 벌어질 일들에 대해서는 관심이 없다.
나는 절대로 나를 위한 암보험을 가급적 늦게 가입하겠다.
왜냐면 미리 들고 나중에 걸리면 아까우니까….

느낌이 어떠십니까?

종신을 가입하지 않는다고 해서
일반 저축이나 연금저축의 양이
확연히 많아지는 건 아니듯이,
종신을 가입한다고 해서 먹을 게
줄어들고 입을 게 줄어들지는 않습니다.

대신 마음의 평화와 자부심을 얻게 되고
더욱 열심히 살아갈 근거를 찾게 됩니다.
보험료를 낼 때마다 약속된 보험금이 들어오고 있음을 느끼셔야 합니다.

사망보장액의
기준이 되어야 하는 3억의 가치

종신보험의 보장액이 3억이 기본이어야 하는 이유가 있다면
다음과 같습니다.

1) 자녀가 두 명인 가정

    = 교육비 2억 + 4년치 생활비 1억(월 200만)

2) 채무액이 1억 이상인 가정

    = 채무상환 1억 + 교육비 1억 + 생활비 1억

3) 연소득 3,000만 이상인 가정

    = 10년치 연소득은 보장받아야 함

보장금액 1억을 해체해 보면
자녀 교육비로 1/3 + 채무상환 1/3 + 생계비 월 100만 × 30개월치 정
도로 활용할 수 있는 금액입니다.
없는 것보단 낫지만
아빠로서, 남편으로서는 많이 미안하고 부족한 금액입니다.

봉사, 희생, 책임, 보호…
이것이 종신보험이 가진 이미지입니다

사람이 등 따뜻하고 배부르고, 가질 것 다 가진 후,
마지막으로 원하는 기쁨이 무엇인지 아세요?
그건 바로 '봉사'의 욕구입니다.

자식에게 예쁜 옷을 사주었을 때의 기쁜 그 느낌,
가난한 이에게 점심 한 끼 제공했을 때의 그 기쁨,
무거운 짐을 들고 있는 노인을 도와드렸을 때의 그 보람.
사람은 원래 착한 겁니다.

종신보험은 두말할 것도 없이
가장 가까운 가족에게 숭고한 느낌으로 행하는
'기초 봉사 활동'에 해당됩니다.
선택의 여지가 없는 필수 과목입니다.

종신보험금
10억을 상속 받는다고 생각해보시죠

종신보험 10억짜리를 가입했다고 생각해보세요. 아깝습니까? 아니면 자랑스럽습니까? 10억은 불가능하더라도 최소한 종신보험을 3억짜리 정도는 가입해야 한다는 생각을 해보셨나요?(남은 가족 인 당 1억씩 감안)

선진 국민일수록 자산의 개념이 바뀌어야 합니다.
* 자산 = 자본 + 부채라는 개념에서
* 자산 = 돈이 돈을 낳는 시스템(資 + 産)으로 말이죠.

그래서
종신보험의 컨셉은
적은 돈으로 반드시 확보해야만 할 자금을 약속받는 시스템
(예: 보험료 20만 = 자녀교육비, 채무상환용으로 보험금 1억)

연금보험의 컨셉은
10년 내고 20년 불려서 40년 타는 시스템입니다.
(예: 30~40세 납입 / 40~60세 불리기 / 60~100세 생활비 수령)

상속하는 자의 입장에서 상속받는 자의 입장으로 생각하시면
종신보험 가입금액을 정하기가 쉬워집니다.

종신보험금으로
부의 이전이 가능합니다

할아버지가 돌아가신 뒤 받은 보험금으로
아빠는 채무도 정리하고 당신의 보험을 준비하셨고,
아빠가 돌아가신 뒤의 보험금으로
나는 내 아들을 위한 내 보험금을 준비할 겁니다.

보험은 더 이상 가난해지지 않게 하는 대책이며
1억이 3억 되고, 3억이 5억 되고,
5억이 10억 되도록 상속할 수 있는 현명한 재테크입니다.

보험료가 아깝다고
나와 가족의 미래를
막연한 불안함과 뻔히 보이는 경제적 고통에 방치하는 건
정말 바보짓 같습니다.

사람에 대한 마지막 가치평가액,
종신보험금!

가정에서 쓰던 중고 가전제품도
못 다 한 그 가치에 대한 값이 있고,
타고 다니던 자동차 역시 최후의 값이 있으나,

사람의 마지막 자리에
그 사람의 남은 가치만큼을
현금으로 보상해주는 방법은
오직
종신보험밖에 없습니다.

그래서
사람에 대한 마지막 가치평가액은
종신보험금이 됩니다.

5.

FC편(15개)

돈에 맞춰 일하면 직업이고
돈을 넘어 일하면 소명이다.

직업으로 일하면 월급을 받고,
소명으로 일하면 선물을 받는다.

- 백범 김구 -

종신보험컨셉의 이해

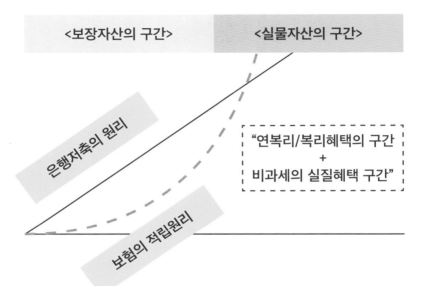

보장PLAN, 저축PLAN, 노후PLAN, 상속PLAN 중 최우선과제는 무엇보다 내 꿈의 실현을 도와줄 "보장플랜"입니다

CANCER = CANCEL

암(CANCER)에 걸리면 모든 인생 계획이 취소(cancel)될 수 있습니다.

왜냐하면 암 치료비와 소득중단 중에 써야만 하는

가족의 생활비는 계속 필요하게 되고

치료기간이 지속될수록 경제적 파탄으로 치닫게 되니까요.

〈상관관계〉

암 발생 – 장기입원/수술 결정 – 직장 관리 – 병원 입원 – 치료비, 입원비, 수술비, 요양비 발생 – 비용 마련(예적금, 주택 처분, 대출) – 최후 사망 시 – 대출상환액 + 생활비마련 + 교육비 마련 곤란! … 경제적 파산!

〈암 발생 시 비용 계산〉

▶ 치료비: 2천 ~ 1억 … 2,000만 가정
▶ 생활비: 월 150만 × 3년치 가정 시 … 5,400만
▶ 채무상환: 3,000만 가정
▶ 간병비: 하루 10만 × 30일 × 6개월 가정 시 … 1,800만
→ 교육비 미포함 3년 이내 1억 2,200만 필요!

채무상환 없고, 간병비 제외 시에도 현찰자산 7,400만 필요!

아직도 흑백 TV를
고집하고 계신 건 아니지요?

종신보험이 없던 시절에는 암보험만 들면 되는 줄 알았습니다. 선진국이 아닌 나라들은 아직도 종신보험이 판매되지 않거나 잘 모르기도 합니다.

처음엔 죽어서 받게 되는 보험이라고 싫어들 했으나 조금 지나서는 전문직 고소득층들이 자신의 몸값 준비를 위해 10억 플랜을 가입하기 시작했고, 지금은 누구나 종신보험 하나씩은 가지고 있습니다.

TV가 처음에 흑백이었을 때 그저 가지고만 있어도 행복했는데 이제는 컬러를 넘어 평면 브라운관이니… 휘어진 브라운관이니… 심지어 초고화질의 스마트 TV까지로 진화했습니다.

삶의 수준에 맞추어 가전제품도 바뀌듯
종신보험도
소득수준에 맞추어 증액하거나
리모델링하는 게 당연합니다.

포트폴리오를 구성한 저축은
실패하지 않습니다

자식이 셋이면 세 명 모두 성격이 다릅니다. 용돈을 주면 모으는 첫째가 있는가 하면, 주는 대로 다 써버리고 또 손 벌리는 막내도 있지요.

우리에게 매달 들어오는 소득과 저축도 이와 같습니다.
1/3은 길게 모아서 큰돈으로 나타나야 할 돈이 있고,
1/3은 5~7년 정도 모아서 써야 할 돈이 있고,
나머지 1/3은 짧게 모아서 바로 써야 할 돈이 있습니다.

길게 모아서 돈이 떨어지지 않게 하는 큰형님의 마음을
가진 것이 장기성저축의 대표인 종신보험과 연금이구요,
5~7년 정도의 기간으로 모아야 해결 가능한 재무목표엔
적립식펀드가 적절하고,
1~3년 모아서 즉시 해결할 재무목표는 은행저축이
합당합니다.

재무설계의 목표는 돈이 마르지 않게 하는 시스템 구축이고 이렇게 기간별, 목적별로 나누어 하는 저축을 '포트폴리오'라 합니다. 계란을 한 바구니에 담지 않는 리스크 분산법입니다.

재무설계의 우선순위를 발생 시간의 우선순위보다는
필요액의 크기에 맞춰보기!

'같은 물이라도

소가 먹으면 우유를 만들고

뱀이 먹으면 독을 만든다'라는 말이 있습니다.

같은 돈이라도 자금집행의 우선순위를

'필요액의 크기와 중요도'에 초점을 맞추어 보험에 맡기면

미래의 가족보장자산과 노후자산이 생기게 되고,

현재라는 '시간적 우선순위'에 돈을 배치하는

단기금융상품에 맡기면

미래로 보낼 돈은 마련되지 않습니다.

※ 미래로 보낼 돈 = 노후생활비와 의료비와 사망보험금

현재의 연장선이 미래라고 한다면,

지금 미래의 내 통장에 송금하셔야 합니다.

엄밀히 종신보험은 내 가족에게 보내지는 것이고요….

종신보험이 필수품인 이유,
준비하는 순서

혹시 사망보험금을 부인이나 자녀가 수령하게 될까 봐 망설이시는 겁니까? 물론 그것이 문제가 되는 경우라면 연금이나 저축성보험을 가입하셔야 합니다만,

종신보험은 사망만을 보장하는 게 아닙니다.
가장의 책임기간 중에는 '보장'을,
자녀의 독립 이후에는 '연금'을 수령할 수 있는
양로보험인 것이죠.

종신보험을 가입하기 전에 끝내야 할 고민이 있습니다.

1) 나는 경제적 가치로 얼마일까(연소득 × 정년까지 남은 기간)
2) 내가 없을 경우에
   내 가족들을 위해 그 경제적 가치(금액)를
   책임져 줄 사람은 누가 있을까? 그게 가능할까?
3) 보험이 그 책임의 유일한 방법이라면
   소득비례로 얼마를 내야 하고,
   얼마의 보장을 받을 수 있으며,
   노후엔 얼마의 생활비로 돌아올 것인지를요.

FP(FC)가 고객 앞에
등장할 시간은 '어제'입니다

우리는 언제나 '오늘' 죽습니다.

나중에 죽는다는 건 살아 있는 모든 사람들의 생각입니다.

과거에 죽었다는 건 살아 있는 사람들이 죽은 사람을 기억하는 표현일 뿐, 나중에 죽더라도 그날은 우리 모두에게 '오늘'입니다.

즉, 오늘 갑자기 죽는다는 건 무언가 준비하고 정리할 시간이 없다는 뜻입니다.

따라서,

나의 죽음 뒤에 따르는 경제적인 대책과 정리에 대해

생각해보고 준비하는 것은

꼭 누군가의 죽음을 목격한 뒤에서야 시작할 일은 아닙니다.

인생은 밝은 면과 어두운 면이 늘 함께 공존하는데

사람들이 어두운 면을 애써 피하고 생각하고 싶어 하지 않을 뿐, 막상 닥치면 후회하는 법입니다.

그래서 FC가 고객 앞에 등장할 시간은 내일보다 '어제'입니다.

간척지 화법

〈그림〉

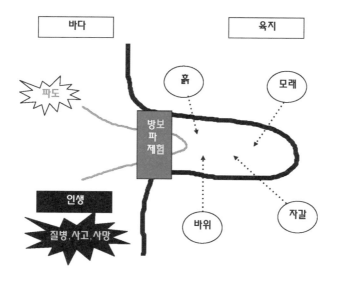

육지 쪽으로 들어온 바다를 메워서 땅으로 만드는 걸 간척지라고 합니다. 바다를 메울 때 쓰이는 재료로는 바위, 자갈, 모래, 흙 등이 있죠. 그런데 바다에는 '파도'가 있어서 자꾸 쓸려 나가게 되죠. 그래서 사람들은 제방을 쌓아 놓은 뒤에 바다를 메우게 됩니다.

인생살이도 이와 비슷해서 삶을 채우는 과정에 필요한 것들로 주택자금, 교육자금, 결혼자금, 노후자금 같은 중요한 필수 재료가 있습니다. 바다에 파도가 있듯, 인생에는 '질병과 사망'이라는 파도(risk)가 존재하죠. 주택구입자금으로 모았던 돈이 '암치료비'로 쓰이는 경우처럼 말입니다. 이때 방파제 같은 역할을 하는 것이 바로 〈보장성보험〉입니다.

지금까지 쌓아 온 방파제가
두터운지, 높은지, 넓은지 판단해드리는 작업이 바로 보장분석입니다.
기가입하신 보험들의 보장점검이 우선이니
보험증권들을 담당 FC님에게 보여주시고 분석을 의뢰하세요.

재무설계사를 잘 만나는 건
배우자만큼이나 중요한 일

FC(보험설계사)가 고객에게 해드릴 수 있는 일은

– 좋은 토지를 안내하고(금융기관)
– 과일의 종류를 결정하게 돕고(상품)
– 나무가 잘 자라 열매 맺도록 간섭해 드리는 일입니다.
  (납입, 만기, 혜택, 상속/증여)

훌륭한 재무설계사를 일찍 만나는 일은
소중한 내 돈들이 안전하게 갈 길을 안내받는 일이니
배우자 다음으로 소중한 인연이라 할 수도 있습니다.

참고로 '소중한 내 돈이 갈 길'이란,
첫째 안전한 길(제도권 내의 금융기관),
둘째 이자가 붙는 길(수익성),
셋째 유동성이 있는 금융상품(자유납, 인출, 전환기능 등),
마지막으로 비과세의 길(이자소득세, 금융소득종합과세, 연금소득세
등)을 의미합니다.

종신보험의
사이즈 결정 방법

종신보험의 사이즈를 결정하는 여러 가지 방법을 알려드리죠. 마음에
와 닿는 것을 선택해보세요.

1) 보험을 이용하는 목적은 저축으로 해결하지 못할 만큼의 사이즈를 확
   보하려 합입니다.
   예로 1억이라는 돈은 보통 사람들이 저축을 통해 만기로 수령하기 어
   려운 크기죠. 그래서 보험으로 보장받을 만한 사이즈의 금액은 1억 이
   상이어야 가치가 있습니다.

2) 가장으로서 책임져야 할 가족 1인 당 1억씩을 보장 받는 방법입니다.
   예로 4인 가족의 경우 배우자와 두 자녀에게 각각 1억씩, 모두 3억을
   남김으로써 가족들이 겪어야 할 경제적인 사망으로부터 보호하는 것
   이죠.

3) 현재 소득 기준으로 3~5년치 소득을 주보험으로 보장받는 방법이 있
   습니다.
   현재 월 소득이 300만 원이라면 3년치인 1억 정도를, 400만 원이라
   면 60개월치인 2.4억을 가입금액으로 합니다.

4) 현재 보유하신 부채총액을 주보험으로 조립하는 방법도 있습니다. 가족들에게 빚만큼은 절대로 남기지 않겠다는 의미가 있지요. 예로, 현재 아파트 담보대출에 1억이 있고, 신용대출로 3,000만 원이 있다면 1.3억을 주보험으로 조립하는 경우가 되겠습니다.

5) 마지막으로 적절한 포트폴리오 구성상 소득의 10%의 금액을 보험료로 결정하신 다음, 전문가인 FC에게 최고의 보장을 부탁하는 방법입니다. 보험상품의 선택과 조립 방법에 따라 보장금액은 1억~3억 사이의 차이를 보일 수도 있으니까요. 예로, 월 생활비 지급형 및 정기보험을 고려하실 수 있습니다.

웃기면서도
안 웃긴 이야기

〈어느 초등학생의 일기〉

어제 할아버지가 '치매에 걸리지 않는 법'이라는 책을 사오셨다.
그런데 오늘 또 사오셨다.

〈어느 가장의 일기〉

어제 종신보험을 권유받았다.
괜히 손해 보는 것 같아 망설이다
다음에 보자고 했다.
오늘도 종신보험을 권유 받았다.
왠지 꺼림칙해서 망설이다
아내와 논의해보겠다고 했다.

그러다가 어느 날 나는⋯ 죽었다.

당신 앞에
FP(FC)가 와 있다는 건

'죽은 사람에게는 보험이 필요 없고 장의사가 필요합니다.
죽어 가는 사람에게는 보험가입은 불가하고
의사와 막대한 치료비 영수증만이 옆에 와 있겠죠.'

종신보험을 가입하고 싶어도 가입할 수 없는 나라도 많습니다. 종신보험을 가입하려 해도 돈이 없어서 가입 못하는 가장들도 많습니다.
종신보험을 가입하려 해도 건강이 나빠서 보험사가 거절하는 고객도 많습니다.

당신에게 누군가 보험을 권유하고 있다는 의미는
당신이 아직 건강하게 살아 있다는 뜻이며
지켜내야 할 경제적 가치가 있다는 말이 됩니다!

사망보장 + C.I보장 + 실손보장 + 장기간병보장을 보험상품에 담기

종신보험은 소득보장의 개념이고
실손보험이 지출보상의 개념이며
LTC가 인간다움에 대한 보장대책이라면
C.I는 파산방지 대책이라 배웠습니다.

이 네 가지를 모두 담은 상품이
바로 '통합유니버설종신보험'이라는 형태이고,
투자형 상품인 '변액유니버설종신보험'도 있습니다.
또, 생명보험과 손해보험을 조합하여
경제적으로 가장 크고 넓은 보장을 구입하는 방법도 있습니다.

종신보험은 말 그대로 종신토록 보장되어야 하며
그러기 위해서 최저보증내용과 자유납입의 기능을 담고 있는 상품을 선
택하는 것이 유리합니다.
제대로 선택해서 끝까지 갈 수 있도록 전문가와 상담하시길 바랍니다.

FP(FC) JOB은 고객의 재무설계를 돕는 일이니 숭고한 직업정신이 필요합니다

FC는 아는 사람이 많아질수록 기쁨과 함께 걱정도 쌓여 갑니다. 아는 사람들 모두가 충분한 보장자산의 보호를 받게 할 수는 없다는 사실 때문이죠. 돈이 없어서거나, 어디가 아파서거나, 보장자산의 가치와 필요를 이해하지 못했을 때는 적절한 보장의 기회를 드릴 수 없기 때문이죠.

맨 처음 종신보험이 나왔을 때는 가입의 목적이
'더 이상 가난해지지 않게 하기 위함이다'라고 배웠지요.
그것만으로도 충분한 종신보험의 타당성이 있었는데,
지금의 종신보험은 가난방지대책 말고도
노후대책에까지 그 효용가치가 있음을 알고는
권유하고 설명하는 일에 더 적극적으로 임하게 됩니다.

보호받고 보장받는 삶을 만드는 일을 하는 FC JOB은
그래서 숭고한 직업의식과 소명의식이 필요한 겁니다.

종신보험은 우리가 그토록 중요하게 여기는 '돈'을 지키는 방법

보험(保險)이란 위험으로부터 내 가정을 보호하는 것!

보험의 주체는 바로 가장(家長)이고 자신(self)의 문제를 보험人이 돕는 (help) 것입니다.

보험을 들어주는 것이 아닌 '가장이 가족을 보험한다'가 정확한 표현입니다.

– 보험학교 김송기

중요한 건, 대부분 보장의 니즈가 스스로는 잘 생기지 않는다는 것이죠. 사고를 경험하거나, 죽음을 경험하거나, 다가올 자신의 미래를 진지하게 고민한 사람들만이 준비하게 된다는 점입니다.

보험 없이 사는 것처럼 무모한 일은 세상에 없습니다.

종신보험은 우리가 그토록 중요하게 여기는 '돈'을 지키는 아주 적극적인 사람들의 금융 방법입니다.

라이프사이클의
간단한 설명

한 달에 얼마를 버십니까?

만약에 400만 원이라면 1년이면 4,800만 원이고

10년이면 4.8억, 20년을 더 번다면 9.6억, 30년을 번다면 14.4억입니다.

번 돈을 한 푼도 안 쓴 상태에서의 14.4억으로 반드시 써야 할 돈들을
빼어 보겠습니다.

1) 생활비: 월 200만 × 12개월 × 30년(자녀 독립 시까지) = 7.2억 ···
벌 돈의 50%!

2) 교육비: 자녀 인 당 1억 가정 시 × 2명 = 2억 ··· 이제 5.2억 남았습
니다.

3) 주택비: 구입에 기본 2억 필요(대출 포함) ··· 이젠 3.2억 남았구요.

4) 결혼비: 아들, 딸 합해서 = 1.5억 ··· 결국 1.7억 남았습니다.

5) 노후비: 월 100만 × 12개월 × 30년(60~90세) = 3.6억 ··· 1.9억 부
족하게 됩니다.

결국 자녀 출가 후 남은 1.7억으로

65세부터 월 100만 원씩 14.1년만 버티신 이후

80세부터는 폐지를 줍거나 자녀들에게 의존해야 산다는 뜻이죠.

노후자금이 월 필요금액으로나 기간으로나 더 필요합니다.

이제부터 부족한 자금을 마련하거나 필수자금을 확보하는 방법을 제안

해보겠습니다(상품제안서 설명).

가난과 절망과 부정은
친구입니다

우리 아이들에게 증오심을 길러주지 마세요.

가난과 절망은 늘 함께하는 친한 친구입니다.

가난과 절망을 맛본 아이는

세상과 타인에 대한 증오심을 배우고,

긍정적이기보다 부정적으로 자랄 확률이 높아집니다.

무너진 경제력 때문에 생길 수 있는

우리 아이들의 열등감과 절망감을

종신보험으로 막아 줄 필요가 충분히 있습니다.

별첨:

종신보험 라이프사이클 소개

최승호의 백지L/C

보험은 들어주는 게 아니라
    들고 싶어지는 것이어야 한다.

보험은 계산으로 결정하는 게 아니라
    따뜻한 가슴이 결정하는 것이다.

라이프사이클은 20분간의 감정 이입이고
그 결과로 보험료가 가치로 변화한다.

최승호 라이프사이클의 특징

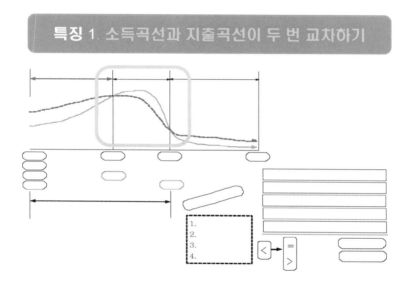

특징 1. 소득곡선과 지출곡선이 두 번 교차하기

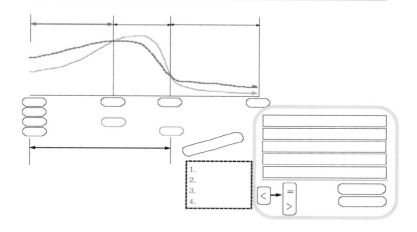

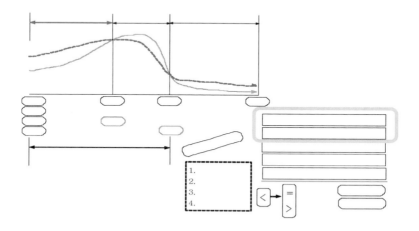

종신보험용 라이프사이클 실습

※ 따라 그리면서 말하기

〈예〉 남편: 35세, 부인: 32세, 첫째: 5세 딸, 둘째: 2세 아들

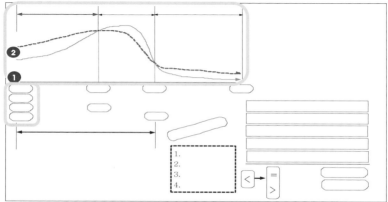

1. 가로선을 그리고 고객의 가족 사항을 적는다.
   '현재 고객님은 35세이시고 32세인 부인과 5세인 딸과 2세인 아들이 있다고 하셨어요.'
2. 소득곡선을 점선으로 그리면서 예상치라 하고 지출곡선은 실선으로 그리며 확정적 지출만을 다룰 것이라 말한다.
   '고객님은 현재 일정한 소득이 있고 점점 상승하다가 정점을 맞고 노후엔 감소하겠지요.
   반면 지출은 처음엔 소득곡선 밑에 있다가 소득을 앞지를 때가 오고 다시 정상으로
   돌아오겠지요.'

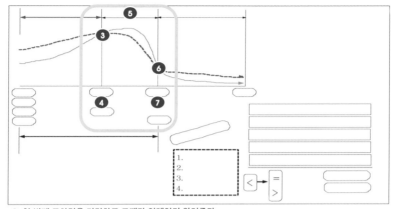

3. 첫 번째 교차점을 지적하고 그때가 언제인지 알려준다.
   '지출이 소득을 앞지르는 시기는 통상 첫째 자녀가 대학을 가는 시기로 보는데요.'
4. '이 시기는 첫째 자녀가 20세가 되는, 아빠 나이 ( )세가 되겠습니다.'
5. '이때부터 저축이 불가는 시기가 되고'
6. '두 번째 두 곡선이 만나는 이때까지 이어집니다.' … 5번에 〈저축불가시기〉라 적는다.
7. '두 번째 만나는 이때는 막내 자녀가 독립하는 시기로서 통상 결혼 시점이니
   현재 막내인 ( )가 ( )세가 되는 시기까지이고 고객님은 ( )세가 되십니다.'

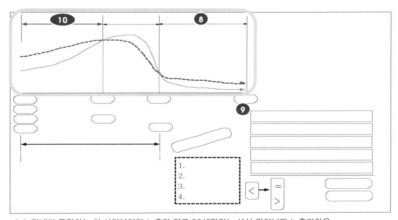

8.9.'막내가 독립하는 이 시기부터가 노후가 되고 90세까지는 사실 것이니까 노후기간은
   ( )년간이 되겠습니다.' 〈노후 ( )년〉 이라 적고 가로축 화살표 끝에 '90세'라 적는다.
10. '결국 지금부터 첫째 자녀가 대학에 가기 전인 ( )년간이 〈저축가능기간〉이 되겠습니다.'
   화살표 위에 〈저축가능기간〉이라 적고, 아래쪽엔 ( )년이라 적는다.

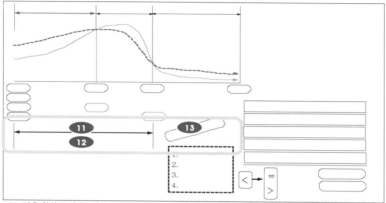

11. 좌우 화살표 위에 〈가장의 책임기간 ___년〉이라 적는다.
　'고객님은 오늘 현재부터 막내가 독립하는 시기까지 ___년간을 가장의 책임기간으로 부여
　받으셨습니다.'
12. '책임기간 ___년간 연평균소득 ____만이라 가정 시 **총** ___억을 버실 것이기 때문에
　　가장으로서 책임액은 **총** ___억이며 현재 고객님의 '몸값'이라 하겠습니다.
　…연소득은 가장의 나이 X 100만 원으로 계산하여 가로화살표 아래에 적는다.
13. 몸값으로 계산된 금액의 이름을 기울어진 타원박스 안에 〈확정된 지출〉이라 적는다.
　　이 돈은 벌 돈이긴 하나 반드시 쓸 돈이라는 의미에서 '확정된 지출'이라 합니다.

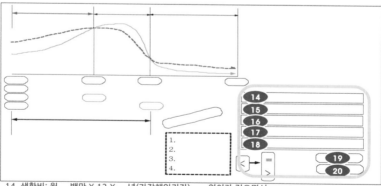

14. 생활비: 월___백만 X 12 X ___년(가장책임기간)= ___억이라 적으면서
　'확정적 지출인 이유 첫 번째는 생활비로 ___억이 쓰일 것이구요.'
15. 교육비: 자녀 인당 1억X___명=___억이라 적고
　'두번째로 자녀 교육비로 최소 ___억을 써야 합니다.'
16. 주택비: 확장 또는 구입자금으로 얼마를 더 생각하는지 묻고 대답한 금액 적기 … 통상 2억
17. 결혼비: 아들 전세자금 1억 + 딸 혼수 5천 가정 시= 1.5억
　'네번째로 자녀 결혼비용으로 아들은 전세값 1억과, 딸 혼수비용 5천만 원을 고려하구요.'
18. 노후비: 월___만 X 12 X ___년= ___억
　'마지막으로 두 분의 노후자금을 밥값만 100만씩 ___년치를 계산하면 ___억이 쓰이게 되어'
19. '확정적으로 쓸 돈의 합계는 모두 ___억으로서'　　20.벌 돈 대비 ___억이 부족하게 됩니다.'

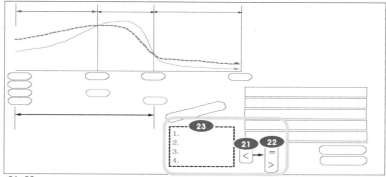

21~22.
'벌 돈보다 쓸 돈이 큰 이 부등호를 같거나 작게 만드는 방법으로 네 가지가 있는데요.'
23. 차례대로 더 벌기, 맞벌이, 재테크성공, 보장자산마련 이라고 적는다.
'첫째는 〈더 벌기〉인데 사실상 쉽지 않아서 현재만큼이라도 오래 벌었으면 하지요.
두 번째는 〈맞벌이〉로서 부족한 __억을 배우자께서 20년간 맞벌이로 채우시려면 월___만의 소득이
필요하고 10년간이라면 월__만씩을 버셔야 합니다.
세 번째로 〈재테크 성공하기〉인데 저금리 시대의 재테크는 시간에 투자하는 방법뿐입니다.
네 번째는 마지막 방법으로 리스크를 대비하는 〈보장자산마련〉이라고 하여 더 나빠지지는 않게 만드는
방법입니다.
네 가지 중 세 번째와 네 번째가 FC의 담당영역이니 해결안을 제시하도록 하겠습니다.'

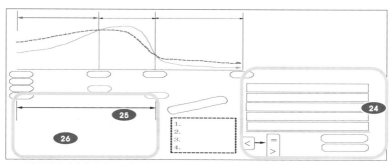

24. '제 설명에 과장이 있었다고 생각되시면 말씀해 주십시오.
사실 고객님이 생각하시는 금액보다 적은 금액으로 풀어 갔는데도 벌 돈 대비 쓸 돈이
훨씬 많아서 놀라셨지요? 가만히 보시면 부족한 __억은 사실 노후자금 때문입니다.
우리가 소득기간에 버는 돈의 총량은 생활비, 교육비, 주택비, 자녀 결혼비까지 겨우 해결할
정도의 금액입니다. 노후비용으로 한 달 밥값 100만 원만 잡아도 65~85세까지 20년치만
2.4억이고. 아프거나 다른 비용을 얹어서 월 200만이라면 4.8억으로 턱없이 부족합니다.
더 중요한 건 노후가 오기 전 가장의 책임기간인 ___년간이라도 절대로 경제적인 죽음이
오지 않게 하려면 〈보장자산〉마련이 더 시급하다는 겁니다.
25. 고객님 몸값 __억을 보험으로 해결하려면 월보험료가 ___만 정도로 현실적으로 불가하니
26. 적절한 포트폴리오인 소득의 10%를 할애하시고 FC인 저는 최대한의 보장을 디자인하는 게
최선입니다. 가장 유고 시 남은 가족 인 당 1억씩을 보장받는 게 최근의 트렌드이니
3억 설계를 의뢰해 주셨으면 합니다.'

라이프사이클 마무리 말하기

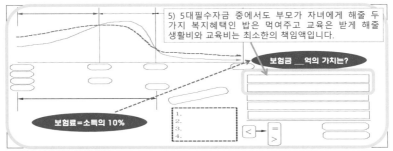

5) 5대필수자금 중에서도 부모가 자녀에게 해줄 두 가지 복지혜택인 밥은 먹여주고 교육은 받게 해줄 생활비와 교육비는 최소한의 책임액입니다.

보험금 __억의 가치는?

보험료=소득의 10%

1.
2.
3.
4.

< = >

■ 가슴이 내리는 결정-종신

1) '혹시 보험료 __만 원이 아까우십니까? 가장의 이름은 세 가지죠. 주수입원, 남편, 아빠입니다. 생물학적 죽음은 어느 누구에게나 오지만 경제적 죽음은 막아야 하고 특히 자녀를 독립시키기 전까지는 책임을 질 수 있는 대책이 필요합니다. 물론 책임기간 이후 생존 시에는 적립액 전체를 인출하거나 연금전환하여 돌려받을 기회가 있으니 아까울 필요는 없습니다.'

2) 우리 부모님들은 부동산은 남기셨지만 보험금을 남기지는 못한 세대입니다만 우리들은 훗날 자녀들에게 보험금의 사이즈로 평가받게 될 첫 번째 세대가 될 겁니다.

3) 돈을 모으고 불리기에만 집착하지, 지키고자 하는 적극적인 대책인 보험을 준비하는 것에는 매우 게으르거나 인색한 게 보통 사람들입니다. 보험이 지출이면 줄여야 하고 재테크라면 늘리셔야 합니다. 종신보험은 돈이 마르지 않게 하는 재무설계의 0순위 상품입니다.

4) 생각할 시간을 3일 드리겠습니다. 가입할지 말지가 아니라 얼마짜리를 가입할지를 고민하시길 바랍니다. 아, 배우자와 논의할 문제는 아닙니다. 보호해도 되냐고, 지켜줘도 되냐고 묻는 격이니까요~.

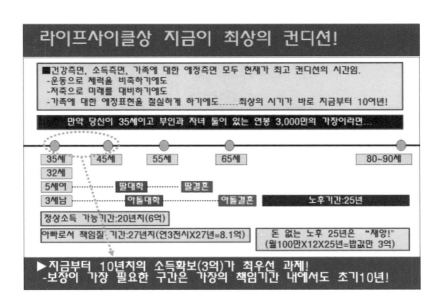

II.

건강
NEEDS
30

오늘은 내 인생에서
가장 젊은 날이 아니라 가장 늙은 날이며 약한 날

우리가 스스로를 격려하고 힘을 내야 할 때 자주 쓰는 말이 바로
'오늘은 내 인생에서 가장 젊은 날'이라는 말입니다.
그런데 질병을 걱정하는 관점에서 보면
'오늘은 내 인생에서 가장 늙은 날이며 가장 약한 날'이라는 점입니다.
그리고 내일은 '오늘보다 더 아플 날'이라는 점이고요.

통계자료를 보면 아픈 곳도 복리처럼 늘어나게 되어
40대에는 한 군데가 아프고
50대에는 두 군데가 아프며
60대에는 네 군데가
70대에는 다섯 군데가 아프다고 합니다.
그리고 복리질병의 마지막이 치매나 장기간병상태라는 것이죠.

동맥의 피는 심장이 돌리지만 정맥의 피는 운동이 돌게 한다고 했습니다.
안아플 방법 없고 안늙을 방법 없으며 죽지 않을 방법도 없습니다.
사람은 누구나 아파서 죽고 아픈 기간이 길 경우 육체적 고통과 경제적
고통을 참아내기 힘듭니다.

시험지 답안을 보여줘도 답을 못쓰는 친구를 본 적 없나요?

다음의 세가지 중에 답을 찾아보세요.

운동도 안하면서 보험도 없이 사는 게 맞는 겁니까?

운동을 하든지 아니면 보험준비라도 하든지가 맞습니까?

운동도 하고 그리고 보험도 준비하는 게 맞습니까?

100세 시대라는 말은
100세까지 아플 거라는 뜻

전 세계적으로도, 대한민국의 현실에서도 인간의 평균수명이 100세를 향하고 있습니다.

불과 50여년 전인 1970년도의 남성의 평균수명은 58.6세였고 여성은 65.5세였는데

1980년에는 남성 61.7세, 여성 70.0세로 늘어났고

1990년에는 남성 67.2세, 여성 75.5세

2000년에는 남성 72.2세, 여성 79.6세

2010년에는 남성 77.2세, 여성 84.0세로 10년에 약 5세 정도가 늘어나더니

급기야 2024년에 발표된 제 10회 경험생명표상으로는 남성 86.3세, 여성 90.7세에 이르렀고 이런 추세라면 평균수명 100세까지는 얼마 남지 않은 걸로 보입니다.

100세 시대라는 말은

100세까지 아플 것란 뜻이고

100세까지 돈이 필요하다는 뜻이며

준비되지 않은 노인은 평생 자신과 가족들에게 미안한 시간을 보내게 된다는 뜻이기도 합니다.

늙고 병드는 것을 막을 수 없는 이유는
인간이 자연이기 때문

인간은 자연의 일부입니다.

봄, 여름 ,가을, 겨울이 오듯

인생에도 유소년기, 청년기, 장년기, 노년기가 차례로 다가오고 절대 막

을 수 없습니다.

또

태풍, 홍수, 화산, 지진을 막을 수 없듯

암, 뇌심혈관질환, 치매와 간병상태, 죽음 또한 막을 수 없습니다.

피하거나 늦추는 방법으로 식단관리와 운동이 있지만

이마저도 쉽지 않으므로

후(後) 조치 방법인 보험금을 준비하는 게 현명한 방법이지요.

사람이 '힘들다'라고 말하는 건 중력을 이기지 못해 하는 말입니다.

뛰다가 힘들면 걷지요?

걷다가 힘들면 서지요.

서있는 것이 힘들면 앉고요

앉아있는 것도 힘들면 눕잖아요?

누워있는 것조차 힘들 때 우리는 죽습니다.

자연의 힘 앞에서 한계를 느끼는 인간이

중력을 이기거나 견디게 하는 유일한 방법이 운동과 휴식입니다.

그러나 대부분의 사람들은 이 두 가지를 마음대로 할 수 없어서 고장나는 것이고

점검이 늦을수록 회복이 불가하거나 비용이 많이 들게 됨을 경험하게 됩니다.

살아서 받게 되는 생존급부가 질병관련 건강보험이고

'건강한 지금의 내가 미래의 아플 나에게 보내는 치료비'가 보험료의 정의입니다.

자연 치유력이 부족한 인간은 보험을 활용해서라도 복구와 유지를 선택하는 겁니다.

한국인들이
세계적으로 1등을 하는 차지하는 것들

대한민국을 살아오면서 전 세계 1등의 불명예를 차지한 이력은 과거부터 많았는데

최근의 변화된 기록을 보면

* 유방암 증가율 세계 1위
* 대장암 발병률 세계 1위
* 당뇨병 사망률 OECD 1위
* 치매 증가율 세계 1위
* 자살률 세계 1위 등이 있습니다.

가만히 위의 항목들을 살펴보면 서로 모두 연관이 있습니다.

첫째, 잘 먹는다는 점입니다. 영양과잉 상태로 내부장기들이 망가지고 있다는 증거죠.

둘째, 운동을 하지 않는다는 점입니다. 길거리엔 온통 탈 것들 뿐이고 가장 원시적인 탈 것은 자전거 뿐입니다. 인간의 가장 기본활동인 걷기마저도 따로 시간을 내야 하거나 런닝머신에 의존하고 있잖아요.

셋째, 오래 살다 보니 장수형 질병인 치매에 노출되는 사람들이 많아진다는 점

넷째, 경쟁이 심한 환경 속에서 살면서 매우 지치고 힘들어하며 생애 전

반에 걸친 소득 문제로 살기 힘들어하고 있다는 현실을 반영하고
있습니다.

보험은 언제나 거부할 수도 있는 금융상품이지만
필요할 때 언제나 가입할 수 있는 것도 아닙니다.
암에 걸릴 확률에서 자유로울 수 없고, 치료비용이 걱정된다면
당뇨와 함께 심장질환과 뇌혈관질환 확률이 높고, 그로 인한 소득단절
이 걱정된다면
치매나 장기간병상태로 자녀들로부터 외면받는 존재가 되기 싫다면
질병보험을 통해 대탐소실(大貪小失: 보험금을 위해 보험료를 희생)하
는 것이
지극히 영리한 행동입니다.

내 얼굴이 늙은 건 거울을 통해 볼 수 있지만
내 몸 속의 장기가 늙고 병든 것은 거울로 볼 수 없습니다.

중대한 질병 앞에서
보험료는 아무 것도 아닙니다.

암과 심장질환과 뇌혈관질환 같은 우리나라 3대 사망원인에 속하는 질병에 걸린다면 평생을 모아 마련한 주택도, 고급 승용차도, 주식과 채권도 아무 의미가 없어집니다.

죽음을 가장 가깝게 가져오는 질병 앞에서는 고쳐서 살 궁리만이 남게되죠. 보험료를 아끼다가 결국 보험금이 없어서 파산한다는 말이 바로이런 경우에 해당하는 비유입니다.

암을 예로 들면 암 치료에는 항암약물과 수술 그리고 방사선 치료가 필요한데 먼저 항암약물은 1세대 화학항암제(1900년대 중반: 약물로 암세포를 공격), 2세대 표적항암제(2000년대: 암 세포만 집중적으로 공격), 3세대 면역항암제(2015년: 면역세포 활성화로 암세포 공격)의 단계를 거쳐 진화하고 있으며 실손보험으로 해결할 수 없고 의료보험 혜택으로도 해결되지 않는 고가의 비급여 항암제와 항암치료에 대한 비용을 준비할 수 있는지가 점검의 우선 대상이고, 관련된 보험특약은 표적항암약물허가치료비, 항암약물방사선치료, 특정항암호르몬약물허가치료비, 카티항암약물 등이 있고, 수술과 관련하여 다빈치로봇암수술, 암수술비, 종 수술비, 질병수술비, 입원비, 통원비 등이 있으며, 방사선 치료와 관련하여 항암세기조절방사선, 항암양성자방사선, 중입자가속기 등의 보장(담보)을 체크해야 합니다.

리모델링을 겁내거나 거부할 이유가 없는 것은 전문가의 지식과 정보를 활용하여 객관적인 필요성을 판단할 수 있기 때문이고 동일한 수준의 보험료로 더 크고 긴 보장을 확보한 후에 중복되거나 만기가 짧은 보험은 과감히 정리할 수 있기 때문입니다.

보험은 필요한 만큼을, 가장 저렴한 비용으로 구입하는 것이 가입요령이고 보험료가 부담되는 것보다는 치료비가 더 부담되는 일을 막고자 준비하는 겁니다. 보험료는 적은 비용으로 미리 내는 병원비라 할 수 있고 보험료를 아끼려다 훗날 병원과 자녀들로부터 무시받는 일이 생길 수도 있습니다.

현재 '여유가 없다'는 것과 미래에 '별수 없다'는 것은 많이 다릅니다.

암(癌)은 영어로
'CANCER'라 쓰고 'CANCEL'이라 읽는다

보험회사에 입사한 1990년 초창기 암에 대한 풀이는 다음과 같았습니다.

암(癌) = 疒(병들어기댈 녁: 병에 걸리면) + 品(물건 품: 식구 셋이)

　　　 + 山(뫼 산: 산으로 간다)

다시말해 암에 걸리면 가족들이 초상을 치르게 된다는 뜻으로 풀었습니다. 죽는 병으로 인식했다는 말이죠.

물론 요즘은 건강검진을 통해 암을 조기발견하여 치료함으로써 암이 죽음이라는 공식이

완치라는 개념으로까지 변하였습니다만 암은 경제적 손실만큼은 피할 수 없습니다.

대표적인 경제적인 부담은 고가의 치료비이고 소득단절이 있는 경우엔 생활비와 대출관련 비용 그리고 간병인 비용 등입니다. 자녀 교육비를 제외하고도 암 투병기간을 3년만 계산해도 각각의 비용의 합계가 1억을 훨씬 상회하게 되므로 암(CANCER)에 걸리면 인생의 모든 계획이 취소 (CANCEL)될 수 있다고 말할 수 있습니다.

그래서 암과 관련된 보험에서 진단비, 항암약물치료비, 항암방사선치료비, 통원비, 수술비 등을 충분히 준비하여야 하며 암에 걸린 이후의 나의 생활수준은 암보험이 결정한다는 말이 일리가 있다는 겁니다. 생활

비 걱정 없이 치료에만 전념할 수 있는 수준의 암보험금은 과거에나 지금이나 분명히 필요하고, 평균수명을 사는 동안 3명 중 1명 꼴로 발생하는 높은 암 발생확률을 고려한다면 생존급부(living benefit)로서의 암보험 및 CI보험을 가입하고 유지하는 것 자체가 재테크라 할 수 있습니다.

2020년 기준 암 환자는 228만 명으로 65세 이상 7명 중 1명은 암 유병자입니다.(보건복지부 2022년 12월 보도자료) 그리고 2017~2021년까지 5년간의 암환자의 5년 생존률은 72.1%로 나타났으나(출처: 국가암정보센터 2024.1) 암 생존자 중 2차암 발병률은 2~3배 증가한 추세를 감안한다면 암보험의 특약을 설계할 때 전이암 관련 급부를 추가하는 것도 잊지 말아야 합니다.

세상이 변하고, 음식이 변하고, 생활패턴이 변함에 따라 질병의 종류도 변하고, 보험의 보장내용도 변하였으니 보다 자발적이고 적극적인 보장점검을 하고 보완해야 합니다.

눈만 뜨면 행복한 삶도 있지만,
눈만 뜨면 불행한 삶도 있다

젊고 건강한 삶에 있어서 아침은 언제나 기대에 부풀어 분주하고 활기찬
경우가 많지만
나이 들고 아픈 삶에 아침은 눈만 뜨면 불행한 시간일 수 있습니다.

많이 아픈 경우,
돈이 없는 경우,
돈도 없는데 아픈 경우,
돌봐주는 사람까지 없는 경우,

보험은 이 네 가지를 해결해 줍니다.

심장질환에
관심을 가져야 산다

사람을 자동차에 비유하면 심장은 엔진이고 한 번 걸린 시동은 죽을 때까지 멈추지 않기 때문에 가장 피곤하고 고장날 우려가 가장 큰 장기(臟器)임에도 불구하고 우리는 그만큼의 신경을 쓰지 않고 있습니다.

2000년대 초반에 암 환자가 급증했듯이 현재는 부정맥 진단이 급증했습니다. 돌연사 원인의 90%가 부정맥이므로 정기적인 심전도 검사가 필요합니다. 과거의 부정맥 검사는 주로 심전도 검사였고 그 정확도 역시 30% 미만이었는데 최근의 부정맥 검사방법은 홀터 검사로서 진단의 정확도도 96%에 이르렀습니다.(*홀터 검사: 몸에 심전도 기록계를 부착하고 여러 시간을 검사한 데이터로 정확한 부정맥 진단이 가능함)

최근 2018~2021년 사이의 통계를 보면 10세~49세까지의 연령층의 부정맥 질환과 심장질환 환자가 급증하여 노인성 질환이라는 생각은 버려야 하며 정기적인 건강검진으로 조기에 이상증상을 찾아내야 합니다. 심장질환의 59%는 허혈성심장질환이고 나머지 41%는 기타 심장질환인데, 심부전(I50)이란 심장의 펌프기능 이상으로 충분한 양의 혈액을 체내에 공급하지 못하는 증상이고 부정맥(I47~I49)은 불규칙하게 뛰는 맥박을 의미하며 빈맥(심장박동이 분당 100회 이상), 서맥(심장박동이 분당 60회 이하), 심방세동(심장박동이 매우 불규칙한 상태)으로 구분하고 부정맥의 주요 증상으로는 어지럼증, 피로감, 호흡곤란, 실신, 가슴 두근 거림, 흉통 등입니다. 그리고 심장질환 중에 가장 위협적인 것은 관상동맥 질환으로서 관상동맥이 좁아져 생기는 협심증과 막혀서 생기는 심근 경색증이 대표적인데 동맥경화가 주요 원인이고 그 발생요인으로는 흡연, 고혈압, 당뇨, 비만, 고지혈증 등 일상생활 습관과 밀접하며 사망에 이를 확률이 매우 높으니 특히 조심해야 합니다.

보험으로 심장과 관련된 보험금 혜택을 받을 수 있는 항목은 다음과 같습니다.
* 허혈성심장질환 진단비, 수술비 / 심장질환 진단비, 수술비 / 기타부정맥 진단비
* 급성심근경색증 진단비 / 혈전용해치료비 / 산정특례진단비
* 질병수술비 / 특정질병수술비 / 2대질환수술비 / 종 수술비

우리 몸에서도 기름이 납니다. 지방간이 그것이고 콜레스테롤이 그것입니다. 병들 일과 죽을 일에는 새치기를 할 필요가 없습니다. 기름진 음식을 즐겨 먹는 일과 운동하지 않는 것이 바로 남보다 병을 앞당기려는 새치기 행동입니다.

뇌혈관질환은
대한민국 사망원인 중 3위입니다

살면서 머리가 아픈 것만큼 힘든 일이 없습니다. 아무 것도 할 수 없지요. 암 사망률이 1위이지만 2위인 심장질환이나 3위 뇌질환보다 급작스러운 고통 측면에서는 덜하다고 할 수 있습니다.

뇌혈관이 막히면 뇌경색, 터지면 뇌출혈. 이 두 가지를 합하여 뇌졸중이라 합니다.
뇌질환은 심장에 비해 수술보다는 입원이 많은 질병이고 치료 후에는 장애가 남게 되어
의료비 중 간병비 지출이 막대합니다. 어지럽고, 한쪽 눈이 잘 안 보이고, 얼굴 편마비, 팔다리 힘 빠짐, 어눌한 발음 등의 증세를 보이는 뇌졸중은 전 세계 인구의 6명 중 1명은 자신의 일생 중에 뇌졸중을 경험한다고 합니다.

유명한 여배우의 갑작스러운 뇌출혈로 사망한 사건과 남자 탤런트가 지주막하출혈이 발생하여 클립결찰술로 살아난 사례 외에도 우리 주변에 많은 분들이 사망했거나 장기간 병원에서 지내는 일들을 알고 있습니다. (*지주막하 출혈은 여성이 1.5배 많이 발생함)

보험과 관련하여 필요한 특약들은 다음과 같습니다.

- 뇌혈관질환 진단비(뇌경색, 뇌출혈 포함)
- 질병수술비, 종수술비, 뇌혈관질환수술비 등
- 혈전용해치료비
- 질병입원일당, 중환자실입원일당, 상급병실입원비 등
- 산정특례진단비

운동하지 않는 아버지가 자녀들에게 거짓말 합니다. '튼튼하게만 자라다오'
기름진 음식을 사주면서 엄마가 거짓말 합니다. '건강이 최고다'
현실이 이럴 수밖에 없다면 망가질 몸을 해결할 치료비는 따로 준비하고
살아야죠.
그래야 어른입니다.

필요한 치료비 만큼을
따로 저축하는 사람은 없다

암에 걸린 친구가 암치료비로 쓰기 위해 모았다며 적금을 깨는 경우를
본 적 있나요?
임플란트를 해야 하는 아버지가 그 비용을 위해 모아놓은 적금을 가지고
있던가요?
치매가 온 어머니가 이 때 쓰려고 모아다면서 건네주신 통장이 있나요?

필요한 치료비 만큼을 따로 저축하는 사람은 없습니다. 그래서 건강(질
병)보험은 최소 반강제 저축기능이 있다는 것만으로도 의미가 있습니
다. 우리가 살아가면서 발생하게 되는 급전을 '급전'이라 부르는 이유는
일어날 가망성은 있지만 별도로 준비하지 않게 되는 돈이기 때문인데 갑
작스런 사고와 생각지도 않았던 질병이 발생할 때가 그런 대표적인 경우
입니다. 보험의 본질은 살면서 겪게 될 경제적인 리스크, 즉 급전을 마
련하는 기능이고 그로 인해 더 이상 가난해지지 않게 하려 함입니다.

사람이 아플 때 비로서 깨닫게 되는 게 있습니다.
아프지만 않을 수 있다면…
이쁘고 잘생기지 않아도 좋구요,
키가 작아도 괜찮고요,
가진 돈 모두 사라져도 상관 없어진다는 말입니다.

산다는 건 즐거워야 의미가 있지요.

잘 먹는 재미, 잘 노는 재미, 잘 자는 재미…

아프면 모든 재미가 사라지는 거거든요.

우리가 '뭐 맛있는 거 먹으러 갈까?'라고 한 말을 의학적으로 해석하면 대게

'우리 혈관 막으러 갈래?'와 같은 말입니다.

맛있는 것은 기름진 음식, 단 음식을 가리키는 말이니까요.

보험의 보장도 없이 맛있는 걸 즐기다는 건

적은 보험료 대신 훗날 많은 병원비를 내면서 맛있는 음식도 못먹게 된다는 뜻입니다.

운전을 할 때 자동차보험과 운전자보험을 가입하듯,

기름진 음식을 먹는 위험한 일을 할 때에는 보험을 준비하고 하는 겁니다.

받는 월세와
내는 월세

사람이 살아가는 모든 경제활동에는 세금이 있고

그 중 매달 내야하는 세금은 생활비 안에 포함시키기도 합니다.

주거와 관련된 월세는 받는 입장이 있고 내는 입장도 있는데

큰 병에 걸린 뒤에는 대부분 내는 입장의 월세가 됩니다.

병원비도, 요양병원비도, 요양원비용도 아파서 내는 월세이니까요.

보험금 중 간병인비와 재가급여 및 시설급여 등은 받는 월세입니다.

보험증권이 나보다 먼저 죽게 되면 나는 돈 없어 병원도 못가는 비참한

신세가 되므로

나보다 보험증권이 오래 살 수 있도록 납입계획과 만기계획을 잘 짜야

합니다.

특히 만기가 짧은 보험이 있다면 당장 교체해야 합니다.

아프기 전 소득의 5%의 보험료는 아픈 뒤 생활비의 25%를 책임진다고

합니다.

사람은 안 늙을 수 없고, 안 아플 수 없고, 안 죽을 수 없습니다.

월세살이가 서러워 내 집을 마련했지만 아프면 다시 월세로 병원생활을

하게 됩니다.

보험료가 아까운 건 확률이 낮은 위험에 납입을 할 때이니

확률이 높은 순서인 사망 〉 질병 〉 노후 〉 재해 순으로 가입하면 되고 질병보험은 암 · 심장 · 뇌 진단비 〉 최신 약물 · 방사선치료 〉 수술비 〉 통원 · 입원비 순으로 준비하는 게 좋습니다.

돈을 벌지 못할 때 아픈 시기가 겹치는 법입니다.

나의 인격, 체면, 위엄, 의지를 모두 포기해야 하는 질병 앞에서 나는 그냥 흔한 환자 중 한 명일 뿐이다

뇌혈관 질환이나 심장질환 그리고 암같은 질병에 걸려서 병원에 누워있게 된다면

나는 그동안 어떤 삶을 살았는지, 사회적으로 어떤 신분인지와 상관없이 줄서서 대기 중인 한 명의 환자로서 기다릴 뿐이거나 치료를 기다릴 뿐입니다.

더욱이 몸이 말을 듣지 않는 상태여서

아무것도 내 의지대로 할 수 없고

타인에 의해 먹여지고 배변해야 한다면 정말 끔찍합니다.

의사의 진찰과 치료 앞에서는 누구나 공평해지지만

병원비가 준비되지 않은 사람에게는 공평해지지 않는 게 현실입니다.

인생은 태어날 때부터 선착순이었고 아파서 의사 앞으로 가는 것도 선착순인데

죽음의 순서는 먼저 도착한 순서가 아니라 돈 없는 순서일 때가 많습니다.

질병에 걸리는 건 선착순이 아닌데

우리의 바쁜 삶은 옳지 못한 생활습관을 만들어 마치 선착순처럼 병드는 것 같아요.

'배불러 죽겠다'를 반복하다 보면 결국 심혈관이나 뇌혈관이 나빠져서

죽게 됩니다.

배부른 게 목표인 시절은 이미 지나지 않았나요?

아프다가 죽는 건 피할 수 없겠지만 아픈 기간이라도 줄이기 위해

남의 손이나 기구에 의해 기본 욕구를 해결해야 사는 비참함을 겪지 않

기 위해

매일 식단관리하고 운동하기를 제안합니다.

그리고 서랍 속에 묻혀있던 보험증서가 현금으로 바뀌어

내가 원하는 병원과 의사와 치료법을 선택할 수 있었으면 합니다.

아픈 사람은
최선을 다할 수 없다

최선을 다한다는 건 아프지 않고 건강한 사람들의 전유물입니다.
아픈 사람은 최선을 다할 게 없습니다. 살고자 하는 의지만이 유일한 최
선입니다.
덜 아플 수도, 가족을 돌볼 수도, 약과 수술을 거부할 수도, 병원비를 깎
을 수도, 돈을 벌 수도 없습니다.

응급실에 가보면 알게 되는 게 있지요.
'응급실'이라는 글자가 '저 먼저 봐주세요'로 보입니다.
파나고 비명 지르지 않으면 아무리 고통스러울지라도 병원에 도착한 순
서 대로입니다.
그 와중에 수납부터 하고 오라고도 합니다.
노인이 되기 전에 4인 가족 모두가 응급실에 한 번쯤 다녀올 확률은 거
의 100%입니다. 찢어지거나, 부러지거나, 배탈나거나, 면역력이 떨어져
생기는 병으로나 말이죠.

그리고 병원에 갈 때마다 아픈 것 다음으로 걱정되는 건 병원비입니다.
예상하지 않았던 지출이니까 당연히 비상금이나 보험밖에 기댈 곳이 없
는 거죠. 그래서 보험을 준비하는 것이 아프지 않은 우리가 최선을 다하
는 것에 반드시 포함되어야만 합니다.

아픈 사람들의 공통점은
말을 잘 듣지 않는다는 것

먼저 살아간 사람들이 공통적으로 해주는 조언이 있습니다.

많이 먹지 마라.

짜게 먹지 마라.

기름진 것 먹지 마라.

단 것 먹지 마라.

운동해라.

학교 다닐 때 공부하라는 말을 듣지 않은 것만으로도 충분하지 않나요?

많이 먹어서-비만, 당뇨, 고혈압, 관절염

짜게 먹어서-고혈압

기름진 것 먹어서-콜레스테롤, 고지혈, 지방간, 동맥경화

단 것 먹어서-당뇨, 고혈압

운동 안해서-근육감소, 복부비만, 당뇨합병증, 심혈관질환, 뇌혈관질환, 디스크…

젊고 건강할 때에는 헬스클럽, 댄스학원, 스포츠교실에 다니지만

늘고 아플 때엔 누구나 병원 다닙니다.

어릴 때엔 학교 다니지만, 나이 들면 역시 병원 다닙니다.

학교는 무상이었지만 병원은 유상이고,

학교는 평준화이지만 요양병원은 사립학교입니다.

보험을 든든하게 준비한다는 건

보험 없이 고생한 사람들의 조언을 듣는 것이고

병 든 이후의 후회에서 벗어날 수 있음을 의미합니다.

인생은 병원에서 나와서
병원으로 돌아가는 것

병원 무서워하지 마세요.

태어난 곳이 병원이잖아요.

인생은 병원에서 나와서 병원으로 돌아가는 겁니다.

나 태어날 때 병원비는 엄마가 내셨지만

아파서 돌아간 병원비는 내가 내는 게 다른 거죠.

병원비 계산은 할부로도 하게 되지만

보험금은 늘 일시로 지급하는 현금입니다.

인생의 순서는 생로병사(生老病死)가 아니라 생병노사(生病老死)다

질병은 통상 노후보다 먼저 찾아옵니다.

그래서 '생로병사'라고 말하기보다 '생병노사'가 보다 적절한 표현이라는 생각이 듭니다.

사람은 단 하루를 아플지라도 아프다 죽습니다.

그러나 작은 병이든 큰 병이든 젊은 날에도 찾아오고 경제적인 타격을 주곤 합니다.

특히 40대 중반부터는 질병이 하나 둘 찾아옵니다.

그래서 생-로-병-사가 생-병-노-사, 생-병-노-병-사, 심지어 생-병-사이기도 합니다.

질병 없이 건강하게 늘고 죽는 것은 좀처럼 쉬운 일이 아닙니다.

30~59세 사이의 3명 중 1명은 고혈압이거나 당뇨이고 65세 이상자의 40%는 고지혈증환자입니다.(＊건강보험 2020년 통계)

장기간병상태에 놓인 내가 병원비를 해결할 수 없는 경우에 나는 안타깝고 억울하게도 가족들로부터 모셔지기보다 치워질 수 있습니다. 돈이 저지르는 짓입니다.

(＊2023년 종합병원 6인실 기준, 일일 평균 간병비는 112,197원으로 한 달이면 3,365,910원이고 1년이면 40,390,920원에 이르러 감당하기 쉽

지 않음)

지금 내는 보험료 10만 원은 미래 병원비 336만 원을 대신합니다.

재무설계라는 말의 의미는 평생 돈이 마르지 않는 시스템을 갖추는 일이어서
인생의 재무계획 안에 질병에 대한 의료비 대책을 세우는 것은 필수라 할 수 있고
그 역할을 질병보험에 맡기는 것에 주저함이 없어야 하고
보험금 혜택을 받는 우선 조건은 병이 찾아오기 전에 가입을 해놓아야 한다는 겁니다.

나이 든다는
것은…

늙는다는 것은
매일 맛있는 음식 먹고 운동하지 않아도 되던 시간을
매일 약먹고 운동해야만 살 수 있는 시간으로 바꾸는 일입니다.

고혈압이나 당뇨를 가진 채 10여 년이 지나면
고혈압, 당뇨가 사라지고 또 다른 질병이 새롭게 찾아오는 게 아닙니다.
기존에 앓고 있던 질병 위에 다른 질병을 얹어서 더 늘어날 뿐이죠.

지금부터 10년이 지나면 안하던 운동을 하게 될까요?
한 10년쯤 더 드리면 당뇨에 안좋은 밀가루 음식, 튀긴 음식, 기름진 음
식을 끊을 수 있을까요?

인생은 처음부터 시한부였지만
병에 걸리고 나면 그 느낌을 절실히 깨닫게 되어 비로서 겸손해집니다.
그제서야 철이 들고, 해서 좋다는 일들을 시작하고 하면 나쁘다는 것을
끊게 되지요.
돼지가 사람이 될 순 없지만 사람은 돼지가 될 수 있다는 말은
맛있고 달콤한 유혹 앞에서 자기와의 타협을 가장 잘하는 사람의 본성을
경계함입니다.
보험은 여력으로 가입하는 게 아니라 의지력으로 준비하는 겁니다.

당(唐)나라와
당(糖)나라 이야기

저는 요즘 이런 농담을 합니다.

'당신은 당에 가입했어요?' – '아니오, 무슨 당 말이죠?'
'당뇨에 걸렸으면 당에 가입한 겁니다. 나는 당 간부예요. 당신은 당성이
부족한 거 아닙니까?' – 웃음
'앞으로 10년만 더 지나면 우리나라 이름이 〈당나라〉로 바뀌는 거 압니까?'
'당나라 당(唐)이 아니고, 설탕 당(糖) 字 말입니다.'

거리엔 온통 당원(糖員)양성소가 즐비합니다.
아이스크림 가게,
빵집, 떡볶이집,
불고기집, 곱창집…

단 거(DANGER)는 위험한 거(DANGER)라고 농담처럼 배웠는데 정말
맞는 말입니다.

보험증권을
자녀와 공유하세요

보험을 가입해놓고 본인도 잘 모르고
자녀도 잘 모르는 경우가 있을까봐 걱정됩니다.

자녀의 입장에서 종신보험은
부모가 남긴 채무액을 정리할 수 있는 자금이고
질병보험은 부모님의 병원비를 해결할 수 있는 대책인데
가입한 본인도 어느 회사에 가입된 건지,
어떤 보장내용인지, 얼마를 받게 되는지를 잘 모르고
자녀 또한 모르고 있다면 얼마나 억울한 상황이 벌어질까요?

자녀에게 보험증권을 미리 주세요. 그리고 이렇게 말하세요.
'내가 많이 아프게 되면 이 보험증권들을 가지고 해당 보험사에 가서 보
험금을 받아 병원비를 해결하거라'
'이 중에서 종신보험은 수익자를 너희 둘로 지정해놨으니 당장 급한 불
을 끄도록 하고(채무상환, 생계비, 교육비) 건강 관련 보험은 내 병원비,
치료비, 간병비로 충당하거라'
'그리고 나의 질병에 따라 납입면제 되는 것도 파악하고, 납입이 아직 끝
나지 않은 보험은 너희들이 마저 내면서 보험금의 혜택을 받도록 해라'

보험증권을 어디에 두었는지 모르거나 없다면

다시 신청해서 잘 보관하시고

기가입한 모든 보험의 보장분석표도 챙겨놓으시기 바랍니다.

반려견(묘) 보험은 들면서
부모님 치매보험은 망설인다

강아지나 고양이는 내가 낳은 것도 아닌데 죽을 때까지 이뻐하고 아프면 눈물 지으며 심지어 장례도 치르고 펫보험도 주저없이 가입합니다.
그러나 나를 낳아주고 길러주고 평생 이뻐라 하던 어머니가 치매에 걸리면 어떤 자식은 귀찮아 하기도 합니다.
정확히 말하면 병원비를 부담스러워 하는 것이죠.
이게 무슨 일인가요?

자녀가 태어나면 똥오줌을 가리지 못하는 핏덩이 시절부터
말 안 듣고 말썽 피우며 돈 많이 드는 어린 시절까지,
어쩌면 평생토록 챙기고 보살피고 가진 것 모두를 지원해주는 게 부모인데
그런 부모가 치매에 걸려 몇 년을 어린아이 같은 모습을 보인다고,
또 요양병원이나 요양원 비용이 든다고 해서 귀찮아하고 다른 형제에게
돌봄을 미루는 현실을 목격할 때면 인간으로서 비애를 느끼게 됩니다.

어릴 때 우리의 맹세는 '엄마 죽으면 나도 따라 죽을래'였고,
취직 후 우리의 맹세는 '엄마, 오래 사세요. 제가 모실게요'였으나
결혼 후 우리의 고백은 '엄마, 죄송해요. 저도 살아야 해요'입니다.

자녀가 부담하는 치매보험이나 장기간병보험이 정상적인 방법이긴 하나

내리사랑은 본능이고 내가 내 치매보험을 드는 것 역시 자식을 위한 내리사랑의 방법입니다. 내가 내 보험으로써 자녀에게 경제적인 부담을 주지 않겠다는 뜻이니까요.

2020년 기준, 치매환자는 65세 이상 인구의 10%가 넘는 91만 명이었고 그 중 여성이 71%로서 남성의 2.5배 수준이며 228만 명인 암환자의 1/3 이상을 차지하고 있습니다.

치매는 예방도 안되고 치료도 불가능하여 할 수 있는 일은 오직 보험밖에 없습니다.

긴 병에 효자는 없지만, 긴 병에 보험금은 배신 없이 영원한 또 하나의 자식입니다.

건강(질병)보험이
필요없는 경우는…

종신보험은 죽어야 나오니까 싫고

건강보험은 아프지 않을 것 같아 싫고

연금보험은 늙지 않을 것 같고 어떻게든 되겠지 싶어서 싫은가요?

질병(건강)보험이 필요없는 경우를 굳이 나열해 볼까요?

- 매일 30분 이상 운동을 한다

- 기름진 음식은 절대 먹지 않는다

- 담배도 안 피우고 술도 전혀 마시지 않는다

- 유전적으로 타고나기를 무병장수다

  (돌아가신 조상 중에 아픈 분은 전혀 없었다)

- 암도 심장도 뇌도 죽을 때까지 절대 망가지지 않는다

- 현금자산 10억 정도가 항상 통장에 있다

- 배우자가 의사다

위에 나열한 한 항목당 보험으로 대신할 위험보험료가 1만 원씩이라 생각하면 됩니다.

운동만 잘해도 웬만한 질병은 없지만 우린 그걸 못합니다.

매일 1만보를 걸으면 1만 원을 주고(월 30만 원), 5천보를 걸으면 5천 원을 준다 해도

걷지 않습니다.

그래서 그만큼을 보험료로 내고 치료비라도 만들라는 겁니다.

약 먹을래? 운동할래? 라고 물으면 운동한다고 대답하고서는

결국 약을 두 배로 먹는 게 사람입니다.

돈 벌 몸 30년,
돈 쓸 몸 60년

인생은 돈 벌 몸 30년(30~60세)과 벌면서 쓰는 60년(30~90세)와 쓰기만 하는 30년(60~90세)으로 나눌 수 있습니다. 또, 축구 경기처럼 전반전, 후반전, 연장전으로 구분할 수도 있습니다.

여기서 하고 싶은 말은 누구나 돈을 쓰기만 하는 시기가 질병으로든 노후로든 찾아온다는 것이고 대부분 보통 사람들은 별도의 대책이 수립되지 않아 늘 부족하다는 겁니다.
노인이 되면 밥 먹고 병원가는 게 삶의 대부분이고, 많이 아프면 아예 병원에서 밥 먹고 치료하는 게 전부가 되지요. 벌지는 않고 쓰기만 하는 그 때의 내 몸이 '돈 쓸 몸'입니다.

늙어서 월급처럼 받는 돈이면서 들어올 때마다 다 써도 다시 채워지는 유일한 돈이 연금이듯, 병원비를 꼬박꼬박 대신 내주거나 심지어 생활비까지 도움을 주는 질병보험이 필요한 건 굳이 힘주어 설명할 필요가 없습니다. 곳곳에서 돈의 곳간이 열리는 기쁨은 젊은 시절 나의 돈 관리 내신성적표에 해당되고 그것을 위해 참아내는 희생이 보험료 아니겠습니까?

'돈 쓸 몸'의 기간에 필요한 돈에는 이름표를 달아서 미래로 보내야 합니다.

노후생활비는 연금으로 적립하고, 노후 의료비는 보험으로 적립하는 것이 그것입니다.

생로병사 중
사전에 적극적으로 대처 가능한 한가지는?

태어나는 건 나의 의지가 아니었고, 늙는 것도 나의 계획과 무관하며, 죽는 것도 나의 바람과는 상관이 없이 진행됩니다만 병드는 것은 내가 애쓰면 늦추거나 피할 수 있습니다. 살다보니 뜻대로 되지 않음을 알기 때문에 차선책으로 보험을 준비하는 것이지요.

사람이 자신의 과거와 상관없이 가장 인기 없어지는 때가 요양상태로 누워있을 때입니다. 죽기를 각오하고 살다가도 아플 땐 하루라도 더 살고 싶은 게 인간입니다. 연령제한이 있는 술과 담배로도 사람은 병드는데, 연령제한이 없는 콜라, 햄버거, 피자, 치킨은 전 연령대의 사람들을 병들게 합니다. 죽기를 각오하고 먹고 있는 셈입니다. 크게 한번 아파본 사람은 압니다. 아프지 않고 사는 게 행복이라는 것과 아플 때 필요한 건 가족과 병원비라는 것을요.

소 잃고 외양간을 고칠 수는 있지만, 건강을 잃은 후에 보험은 가입할 수 없습니다.
생로병사 중 나의 의지로 미리 대처할 수 있는 한 가지는 '질병에 대한 대책'입니다.
보험료 아끼려다 병원비 폭탄 맞는 일은 피해야 합니다.

평생을
남의 집에서 살 수도 있다

장기간병상태나 치매가 오는 경우에는 집의 개념이 달라집니다.

지금의 집은 남의 집(30세에 담보대출 3억? 가정시 은행 소유),

대출상환 완료 후 비로서 내 집(20년간 상환한 50세 이후 30년간?),

아프면 병원이 내 집(80세 이후 요양병원시 10여 년?)

이런 경우에는

어른으로 30세~90세까지 60년을 사는 동안

내 집으로 사는 기간은 30년 정도로 절반 뿐입니다.

평생의 꿈인 내 집 마련을 하고 30년 정도를 살다가 80세 이후 장기간
병상태가 된다면

내 집에서 나와 다른 집으로 이주하여 살아가야 합니다.

식구도 바뀌고 식사도 바뀌고 시간도 바뀝니다.

내가 돈을 버는 직장 30년은 대출이 되지만

돈 벌지 않는 노후 30년엔 대출이 불가합니다.

이때 받게 되는 보험금은 젊은 내가 미리 보내놓은 무상 지원금이고 입
주금입니다.

평균수명 88.5세는
호흡하는 기간일 뿐

2024년에 발표된 제 10회 경험생명표상으로 평균수명은
남자 86.3세, 여자 90.7세로 남녀 평균은 88.5세입니다.

그러나 평균 88.5세까지 산다는 건
숨을 쉬는 기간이 88.5년이지 건강하게 사는 88.5년이라는 뜻은 아닙니다.
나의 '숨명'(숨 쉬는 수명)이 88년까지라면 많이 아픈 기간은 75세부터
13년간이어서
건강수명을 늘리는 게 중요합니다.

아직 50~60대라면 건강수명을 위한 시간이 남아 있습니다.
망가진 눈(시력), 혈관(고혈압, 심장, 뇌질환), 췌장(당뇨) 등은 다시 회
복하긴 어렵지만
치료해서 연장해야죠. 그 비용은 준비되어 있어야죠. 돈 안 드는 운동이
라도 해야죠.

90세의 나이로 지금의 나를 돌아보면 충고해 줄 말과 해야할 일이 분명
해집니다.
특히 질병과 관련된 보험은 가입연령별 가입한도가 정해져 있고
이미 질병이력이 있으면 여러 가지 제한이 생기게 되니

한살이라도 젊을 때 준비하는 것이 무조건 유리합니다.

연금은 1년 후에 가입해도 거기서 거기이지만
질병보험과 사망보험은 미루다가 가입기회를 놓칠 수도 있으니
제안을 받은 후 3일 이내에 결심하는 걸 추천합니다.

65세가 되면
모두가 같아진다

65세가 되면
즉, 노인이 되면 세상 모든 사람이 평등해집니다.

힘 없어 아프고, 못생겨져서 아프고,
외로워져서 아프고, 돈 없어 아픕니다.
이대 나와도 아프고, 운동선수 출신도 아픕니다.

보험료 납입이 끝난 사람만 당당합니다.

국민연금으로 모자라 개별연금을 준비하듯
의료보험으로 모자라 질병보험을 준비합니다.

'늙으면 입은 닫고 지갑은 열어라'라는 말이 있지요?
준비되지 않은 나는
늙어서 비명만 지르고 지갑은 말라죽은 지 오래되었을 수 있습니다.

남편 대우를 받는 남자는 연금이 준비된 남자이고
아버지 대우를 받는 남자는 질병 및 간병보험이 준비된 남자입니다.

사람이
무시받는 경우

사람이 무시받게 되는 경우들이 있습니다.

돈 없을 때,
늙고 돈 없을 때,
늙고 아픈데 돈도 없을 때,
늙고 아프고 돈도 없는데 성질마저 더러울 때.

웃자고 하는 말이지만
돈 없을 때 웃음은 잘 나지 않아요.

돈이 늙게 만들고,
돈이 아프게 만들고,
돈이 성질을 못되게 만들잖아요.

부자가 될 순 없어도
부족하지는 말아야죠.
그게 보험입니다.

막내인 사람에게
해줄 조언

어느 집안이든 막내인 사람은 가장 많은 장례를 치르게 됩니다.
조부모, 부모, 손위 형제자매를…
결혼한 사람이라면 배우자 측의 장례까지 치른 뒤
맨 마지막에 떠나게 됩니다.

막내인 사람을 마지막으로 챙길 사람은 자녀이고
자녀가 없거나 배우자와 친구조차 없는 경우라면
그때는 상조와 보험밖에 없습니다.

막내인 사람에게 보험은
손아래 유일한 동생이거나 자녀입니다.

병원에 가면
두 부류의 사람이 있다

병원에 가보면 두 부류의 사람이 있습니다.

하나는 무슨 병에 걸린 건지 몰라서 온 부류와

또 하나는 병이 확정된 후 치료하러 온 사람들입니다.

병원 밖에도 두 부류의 사람들이 있습니다.

보험금이 준비된 자들과

보험 없이 사는 자들입니다.

또 장례식장에 가면 깨닫게 되는 것도 있는데

먼저 아프고 나중 아픈 것이지 안 아픈 게 아니구나,

먼저 가고 나중 가는 것이지 안 가는 게 아니구나.

내가 아플 때

40년 된 내 친구는 찾아오지 않을 수 있지만

20년도 함께 하지 않은 보험은 100세까지도 배신하지 않고 내 곁을 지

킵니다.

보험은 늘 진실합니다.

사자성어로 푸는
질병보험

고진감래: 보험료 끝에 보험금 온다

군계일학: 보험이 있으면 늙어도 빛난다

금상첨화: 종신보험에 건강보험까지

금지옥엽: 보험증권이 자식만큼 귀하다

노심초사: 보험 없이 검진결과 기다리기

마이동풍: 제안할 땐 들은 체 만 체 하더니

적반하장: 보험료 적게 해달라더니 왜 크게 권유하지 않았냐 원망한다

개똥밭에 굴러도 이승이 낫다: 보험이 있으면 어디든 돈 밭이다

구사일생: 저축은 깨져도 보험은 남아 나를 살린다

질병(건강)보험료만큼 나만을 위한 투자가 어디 있나요?

아까워 하지 마세요.

인생은 모르는 길을 가는 길.

혼자 가다가, 둘 셋이 가다가 혼자 갑자기 사라지는 길.

알려줘도 모르는 길.

듣고도 알고도 실수하는 길.

그래서 보험과 함께 가야 하는 길.

집을 팔면 치료가 가능할지라도

치료를 포기하는 선택을 하는 사람이 아버지.

그 아픈 마음을 해소해주는 것이 보험입니다.

III.

연금
NEEDS
100

연금 디자인

오르막이 긴 등산이 있고, 내리막이 긴 등산이 있습니다.

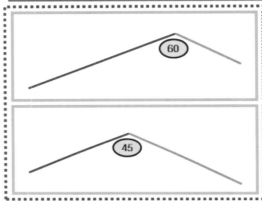

60

60세까지 소득이 상승하고
40년이 소득이 줄어드는
CASE가 우리 바라는 인생주기임.
중요한 것은
30~60세까지 30년 벌고
30~90세까지 60년 쓰려면
돈버는 30년의 절반은
저축해야 함.

45

45세까지 소득이 상승하고
60년이 소득이 줄어드는
CASE가 될 경우에 중요한 것은
즉,
30~45세까지 15년 벌고
30~90세까지 60년 쓰려면
돈버는 15년은 45세 이후를 위한
규모있고 용도가 다양한 저축이
필요함.

〈55세의 비망록〉

기쁠 때도 있었지(결혼, 출산, 내 집 마련)

가르치느라 다~ 팔고(자녀교육비)

이제 목돈 쓸 일만 남았는데(자녀 결혼비)

세상은 내게 그만 내려가라 하네(은퇴)

연금 NEEDS 100 들어가기

돈을 잘 벌어도 늘 돈이 없는 사람이 있고 돈은 잘 못 벌지만 늘 돈이 있는 사람도 있습니다. 가난했다가 인생 후반부에 부자로 사는 경우도 있고 부자였지만 말년에 가난을 겪는 사람도 있지요. 물론 처음부터 끝까지 부유하거나 가난한 사람도 있습니다. 하지만 인생 전반은 젊으니까 가난해도 기회가 있으니까 괜찮습니다만 인생 후반은 기회라기보다 지키고 누려야 하는 시기이므로 소득에서도, 건강에서도 반드시 여유가 있어야 합니다.

돈이 남아서 저축하는 걸까요? 돈이 없을까 봐 저축하는 겁니다. 100세 시대라는 말은 직선적으로 소득 없고 아픈 40년의 노후를 의미합니다. 50대 이전의 생활비가 300만 원이고 그 절반인 150만 원을 노후 생활비로 가정한다고 해도 60세~70세까지 10년치만 1.8억입니다. 90세까지 계산하면 5.4억이지요. 지금 60세가 된 당신으로 생각해보세요. 최소로 필요한 5.4억을 위해 주택을 담보로 얼마를 마련하고 국민연금에서는 얼마가 준비되며 나머지 부족한 금액을 위해 연금을 어떻게 준비해야 할지를….

누구도 당신의 노후를 걱정하고 챙겨주지 않습니다. 청소년기에 반항하듯 외쳤던 '내 인생은 나의 것'이라는 말은 이제야 비로소 '내 노후도 내 책임'이라는 말로 해석됩니다.

직장을 다니는 시기가 대부분 30~50세로 20여 년간입니다. 다른 직업을 통해 10년 정도 더 일한다면 30년 가량이구요. 30년간의 평균소득이 월 300만 원이라면 평생 벌 돈이 10.8억이네요. 그 중에 절반 이상인 5.4억을 노후자금으로 써야 함에도 불구하고 노후 설계를 구체적으로 하는 사람은 많이 없습니다(5.4억 = 30년간 매달 150만 원씩 저축해야 만들 수 있는 돈).

이 책에서 말씀드리는 여러 가지 내용 안에서 나의 노후 준비에 대한 문제점을 발견하고 지금부터라도 제대로 설계할 수 있는 계기점이 되시기를 진심으로 기대합니다.

1.

인생편(35개)

운동은
하루를 짧게 하는 것 같지만
인생을 길게 하듯이

연금가입은
생활비를 적게 만드는 것 같지만
평생의 생활비를 보장한다.

10년 뒤의 나로서
현재의 나에게 충고하기!

어느 학원 원장님에게 연금을 설명할 때 이렇게 해본 적이 있습니다. A4 용지 앞면에는 10년 뒤 오늘 날짜를 크게 적은 뒤(2027.10.10.) 뒷면에 는 오늘 날짜를 크게 적었죠(2017.10.10.). 그리고 10년 뒤 오늘 날짜를 먼저 보여주면서 이렇게 말했습니다.

"원장님, 오늘은 2027년 10월 10일입니다."

원장님은 대뜸 "오늘은 2017년인데요"라고 반문했습니다.
제가 다시 "아닙니다. 오늘은 2027년이구요, 10년 전인 2017년으로 되 돌아가고 싶은 이유가 있다면 어떤 게 있을까요? 그때 그 부동산을 살 걸? 그때 운동을 시작했더라면 이런 질병은 없었을 걸?
저는 오늘 이런 후회를 막아드리고 싶습니다. '그때 연금가입을 했더라 면 지금 납입이 끝났을 텐데…'"

"이제 지나간 10년을 되돌려 드리겠습니다"라고 말한 뒤
오늘 날짜가 적힌 뒷면을 펼쳐 보여 드렸죠.
시간을 앞서서 살아 보는 것!
그 순간 원장님은 명쾌하다고 박수치면서
연금 300만 원 청약서에 사인을 했습니다.

50대가 되어서 하는
어른들의 말들은 모두 비슷합니다

노후 준비가 안 된 상태에서 하게 되는 말을
우리 주변에서 많이 들을 수 있습니다.

'큰애가 대학교에 입학해야 하는데 등록금이 걱정이네….'
'요양병원에 계신 어머니 입원비를 형제들끼리 나누어 내야겠네….'
'주택담보대출 이자 내기가 점점 버겁네….'
'회사에서 나가라는데 갈 곳도 없고 큰일이네….'
'건강검진 결과에 용종이 발견되었는데 걱정되네….'

보통 나이가 50세 정도 되면 하게 되는 말들입니다.
50세가 되기 전 최소 10년 전인 40세 때 시작했어야 할 준비였습니다.
20년 전인 30세부터 준비했더라면 더 여유 있었을 것입니다.
우리 부모님 세대가 하던 말을 우리는 되풀이하지 말아야죠.
그게 보고 배운 사람들이 할 일이고 다음 세대에게도 전달할 내용입니다.

인생이라는 100년 사업의 실패 결과를
'실버푸어(silver poor)'라 부릅니다

사업을 하던 사람들이 실패하는 이유는
대부분 돌발적인 문제가 발생했을 때 해결하지 못하기 때문입니다.
이걸 '부도'라 말합니다.

인생이라는 100년간의 사업도 이와 같아서
마냥 지금 같을 거라는 생각에서 10년, 20년 뒤에 벌어질 돌발 사태를
준비하지 않아서 실패하게 됩니다.
그 실패를 '가난'이라 부르고 영어로는 'silver poor'라고 합니다.

연금으로 생활하는 공무원이나 군인들을
부러워만 할 게 아니라
그들처럼 반강제성을 가지고
모으고 불리는 기간으로써 10년~30년을
투자하셔야만 합니다.
다시 몇 년이 더 지나면 더더욱 결정하기 힘듭니다.
노후 가난을 답습하기에는
우리의 평균수명이 너무 길어졌기 때문입니다.

대출이 불가능한 노후 가난을
해결하는 방법은 연금뿐입니다

대출은 받기는 쉬우나 갚기는 어렵습니다.

갚기는커녕 추가 대출이 더 발생하기도 하지요.

마치 재수한다고 해서 더 좋은 학교가 보장되지 않는 것과 같은 맥락입니다.

돈을 벌 때에는 그 사람의 소득과 재산을 보고 대출이 되지만

돈을 벌지 않을 때는 어디든 대출해주질 않습니다.

노후가 바로 대출이 불가능한 시기입니다.

그때를 위해 대출이 아닌

내가 젊은 시절에 미리 송금해 놓은 〈미래의 통장〉에서

원금과 이자를 꺼내 쓰게 되는 것을 '연금을 수령한다', '연금귀족이다'라고 부릅니다.

얼마씩 얼마 동안 모아야 연금이라 할 수 있을까요?

이 문제부터 생각해 보십시오.

가장 오래 살아남아야 할 저축의 이름은 '연금'입니다

직장인이든 사업가이든 모두 사회라고 하는 '정글'에서 생존중입니다.
정글에는 언제나 위험이 도사리고 있지요.
위험이란 예를 들어 사기, 급매처분, 교통사고, 중대질병, 보상할 일, 실직, 자살 등입니다.
모두 돈이 사라지는 RISK들이지요.

우리가 걱정하는 건 여러 가지 형태의 저축 중에서 가장 오래 우리 곁에
남아 있을 법한, 다시 말해 끝끝내 지켜질 저축은 무엇이겠느냐는 겁니다.
은행적금요? 주식이나 펀드투자금요? 생명보험요?

경험으로 미루어 볼 때,
생명보험이 가장 오래 살아남게 됩니다.
그 이유는 원금도달 전엔 아까워서 유지되고,
원금도달 후엔 복리효과로 이자 늘어나는 재미로 유지하다가,
만기시점에는 타는 재미가 기다려지기 때문입니다.
실제로 생명보험 중에서도 연금이 가장 생명력이 깁니다.
건강과 체력은 줄어들겠지만
노후 생활비만큼은 한결같은 금액으로 공급되는 장치인
연금을 준비해 보십시오.

100세 시대 = 공짜 30년 + 돈 버는 30년 + 못 벌고 쓰기만 하는 40년

에스키모에게 냉장고를 판 세일즈맨은 다음과 같이 말했답니다.
"냉장고는 음식을 얼지 않게 합니다."

생명보험을 설명하는 FC는 이렇게 말해야 합니다.
"생명보험은 돈이 마르지 않게 합니다."

그 중 종신보험은
남은 유가족에게 돈이 마르지 않게 하고
연금보험은 소득이 없는 노후에도
계속 돈이 공급되는 장치입니다.

100세 시대를 해부해보면
돈 벌 준비 30년 + 돈 버는 30년 + 못 벌고 쓰기만 하는 40년입니다.
연금보험은 바로 맨 뒤 40년치의 의료비와 생활비를 책임집니다.

반강제로 해야 성공하는 세 가지
= 공부, 운동 그리고 저축!

연금 없는 사람들이 많습니다.
평생 돈 걱정이죠.
우리들 부모님들이 그랬습니다.
연금을 타는 사람들도 있습니다.
편안해 보입니다. 공무원 출신들이 많죠.

차이는 무엇일까요?
강제성입니다.
20년 이상을 강제로 급여공제된 결과죠.

혼자 해서 되는 일이 나이 먹는 것 말고 있습니까.
살면서 가슴 뿌듯한 무언가를 이루고 싶을 때는
누군가의 도움이 필요하죠.

살면서 반강제로 해야 성공하는 세 가지가 있습니다.
운동이 그렇고, 공부가 그렇고 그리고 저축이 그렇습니다.
바로 연금이
반강제로 실행해야만 확보되는 저축에 해당됩니다.

노후에 기댈 수 있는 건
배우자와 연금 그리고 병원뿐입니다

우리는 평생 남에게 기대어 삽니다.

어린 시절엔 부모님에게,

직장 시절엔 회사와 선배들에게….

그러나 노후가 되면 기댈 수 있는 건

배우자와 연금 그리고 병원뿐입니다.

여기서 '기댄다'는 것은 경제력에 기댄다는 의미와 같습니다. 그런데 중
요한 사실은 노후의 경제력은 그때 생기는 것이 아니고 직장생활을 하는
동안 스스로 준비해놓지 않으면

아무도 기댈 자리를 제공하지 않는다는 점이죠.

젊은 시절 많이 벌고 많이 쓰는 사람,

혹은 적게 벌고 적게 쓴 사람들 대부분이

60세 이후가 되면 질병 한두 가지씩을 가진 채

학력과 미모가 비슷해진다고들 하지만

분명, 경제력의 차이만큼은 있을 겁니다.

지금부터라도 내 노후가 기댈 곳인 경제력을 준비해 보시죠!

인생에서 어떻게든 되겠지 하고
넘겨두어선 안 될 것이 바로 노후 대책입니다

남들의 성공 원칙을 따라하고 남의 의견에 기대는 건 자발적이긴 하지만
핑계나 변명거리를 만들어두는 행위라 자발적이라 하기 어렵다고 합니다.

성공이라는 단어에는
'결심'과 '고생'과 '성취'와 '명예'가 담겨져 있고,
성공의 뜻은 물질적 풍요함을 대변합니다.
그리고 우리는 성공의 그늘에 가려져 있는
'결심의 계기'와 '고생과 실패'를 놓치기 쉽습니다.

경제적으로 어렵지 않게 사는 것이
인생 성공의 큰 부분이라면
매달 연금으로 300만 원 정도를 타기 위한
준비를 위해 결심하고, 납입하고, 종자돈을 만들고
연금人이 되는 방법이 차라리 쉬운 길입니다.
공무원이 아니어도 의사가 아니어도
그들과 같은 결과를 얻을 수 있으니까요.
인생에서 어떻게든 되겠지 하고
넘겨 두어선 안 될 것이 바로 노후 대책입니다.

돈은 감정이 없지만,
돈 없는 나는 감정이 많아집니다

돈은 감정이 없습니다.

모은 만큼 커지고, 쓴 만큼 적아지고, 이자율만큼 불어납니다.

감정은 돈을 가진, 사람의 몫이죠.

좋은 학교를 못 갔을 때 공부 안 한 나를 원망했고,

좋은 직장을 못 구했을 때에도 스스로를 원망했듯,

연금 없는 나를 발견할 때에도

무책임한 나를 원망하게 될 겁니다.

문제는 아직 시간이 있다는 겁니다.

공부는 때를 놓치면 더 이상 할 수 없지만

연금 준비는 돈을 버는 이상 계속할 수 있습니다.

소득에 맞추어 일정량을 연금 준비에 얼른 할애하십시오.

눈은
몸보다 비겁하다!

시켜서 하면 종업원, 스스로 하면 사장이라 했습니다.
집에서도 학교에서도 직장에서도 이와 같은 상황은 늘 벌어지지요.
해야 하는 건 아는데 시작하기 싫은 '자기와의 타협'에 사람들은 능숙하
거든요.

'눈은 몸보다 비겁하다'라는 말도 있습니다.
보기엔 힘겨워 보이나
일단 시작하고 보면
별거 아닌 일들이 많다는 뜻입니다.

인생의 주인공으로 사세요.
인생의 경영자로 사세요.
돈이 도망가지 않게 하세요.
돈을 경영하세요.

필요한 게 분명하다면 기다리지 말고 먼저 시작해보세요.
연금을 설명하는 FC를 피하지 마시고,
먼저 실력 있는 FC를 찾아 방문을 요청하세요.

연금은 오래도록 친구들과 자녀들을 곁에 머물게 합니다

어릴 때 친구들은 성격만 좋으면 많이 가질 수 있었습니다.

어른이 되고 난 후에 만난 친구들은 취미가 같거나, 이익을 주고받는 관계이거나, 자녀들을 통해 알게 된 경우가 대부분입니다.

노인이 되고 돈이 없는 상태에서 남는 친구는 누구일까요?

첫째로 육체적으로 건강한 친구겠죠.

둘째로 경제적 수준이 비슷한 친구겠죠.

셋째로 사는 모습은 달라졌어도 아주 오래된 친구겠죠.

넉넉한 연금은

친구들과 자녀들을

오래도록 우리 곁에 머물게 해주는

고마운 역할을 합니다.

그래서 연금도

오래도록 많은 금액을 준비하시는 게 당연합니다.

돈을 벌 때가 있으면 못 벌 때도 있는 법,
연금은 바로 그때 나타날 현금!

이 세상의 모든 일에는 반드시 끝이 있습니다.
그래서 참아낼 만하고, 기다릴 만합니다.

등산을 할 때 오르막길에서는 언제 정상에 도달할까로 근심하지만 오르막의 끝은 정상이라는 이름으로 있고, 정상 뒤에는 내리막길이 반드시 있지요.
무얼 먹어도 배고픈 때가 있는 반면,
무얼 먹어도 체하는 때도 있습니다.

돈도 벌 때가 있으면,
못 벌 때가 있는 법이니
그때를 대비해서 조금 덜 쓰고 모았다가
못 벌 때에 꺼내 쓰는 금융 방법을
'연금'이라 합니다.
눈이 온 다음에
갑자기 필요한 체인은 비싼 법이어서
눈이 온다는 일기예보를 들은 다음
트렁크에 체인을 실어 놓고 출발하는 것은
노후가 올 거라는 걸 알고 미리 준비하는 것과
마찬가지인 이치죠.

연금은 받는 샐러리맨으로서가 아닌
주는 사장의 마인드로 결심하는 것

성공을 가로막는 가장 큰 장애물은 '시련'이 아니라 '안정'이라 했습니다.
월급쟁이가 사업을 시도하기 힘든 이유를 안정성에서 찾는다는 의미입니다.
니다.
그렇다고 해서 월급쟁이가 꼬박꼬박 들어오는 월급으로 노후에도 꼬박
꼬박 들어올 월급인 연금을 준비하는 건 아닙니다.

사업가가 된다는 것은 생각을 행동으로 옮기는 타이밍이 빠르다는 것이죠.
월급쟁이는 내일로 미루기 쉽지만 사장은 늘 절박하기 때문에 곧장 실행
에 옮기게 됩니다.

노후 준비에 대한
필요성과 타이밍을 생각해 보았다면
내 인생의 사장(경영인)으로서 결심하세요.
절대로
월급을 챙겨주듯
남이 내 노후를 준비해 주는 일은 없으니까요….

계획이 있고 없고의 차이가
부자와 가난을 결정합니다

계획 없이 아이를 많이 낳던(3~10명) 시절을 겪어 보았습니다.
이제는 계획에 의해 하나만 낳는 시절에 살고 있습니다.
계획 없이 막노동으로 생계를 꾸려 가던 시절도 있었습니다.
이제는 연금계획을 고려해 공무원이 인기가 높은 직업이 됐습니다.

달라진 점은 바로
'계획'이 있고 없고의 차이입니다.
이 '계획'을
금융자산을 다루는 사람들은 'PLAN'이라 합니다.
노후플랜, 생애재무플랜, 보장플랜 등….

당신이 어느 FC로부터 들은 '플랜'이
기간, 금액, 혜택 측면에서 적합한 '당신을 위한 플랜'이라고 판단되시면
주저 없이 결정하시길 바랍니다.
좋은 계획에 실천이 따르고 시간만 지난다면
기대했던 결과에 쉽게 도착할 겁니다.

연금을 준비할 수 있는 경제 파란등은
우리가 돈을 버는 30년 중 앞쪽 10년

성공하는 사람들의 공통점 가운데 주목할 만한 건이 바로 '메모 습관'입니다.

메모는 짧게는 하루, 길면 1년 정도를 꼼꼼하게 계획하는 방법입니다.

연금은 짧게는 10년, 길게는 30년 후에 받을 생활비를 약속받는 메모입니다.

단, 메모의 방법이 보험료 납입이라는 것일 뿐이죠.

신호등은 빨간색, 노란색
그리고 파란색으로 이루어져 있습니다.
우리가 기다리던 파란색의 시간이 지나면
노란색이, 그다음엔 반드시 붉은색이 켜지지요
노후 준비라는 준비를 할 수 있는 파란색의 시간은
인생에서 돈을 버는 30여 년 중 앞쪽 10년입니다.

당신이 빠르게 메모할 수 있는 시간도 역시 젊을 때일 겁니다.
졸거나 한눈팔지 마시고 파란불일 때 건너십시오.

부자들의 습관을 닮은
성공한 일반인의 이름이 '연금人'입니다

슈퍼리치와 일반인들의 차이점이 있답니다.

시간을 분 단위로 나누어 쓴다는 점과 돈을 1원 단위로 쪼개어 생각한다는 점입니다.

즉, 허투루 쓸 시간이 없다는 생각과 큰돈을 관리하지만 그들에게는 작은 단위인 몇 백만 원까지도 귀찮아하지 않고 꼼꼼하게 챙긴다는 것입니다.

부자들의 습관을 일부 닮아 볼 필요가 있습니다.

돈을 모을 수 있는 시간(기회)이

알지도 못하는 사이에 지나감을 막고,

적은 돈이 큰돈 역할을 할 수 있는

시간의 복리 혜택을 놓치지 않도록

연금보험료 납입을 빨리 시작하고,

많이(오래) 부은 다음,

만기(연금개시)를 손꼽아 기다리는

적극적인 '연금人'이 되었으면 합니다.

공부는 머리가 아파서 안 했고,
연금은 돈이 없어서 준비 못했다?

지금 중학생인 자녀에게 이렇게 말합니다.
"남은 6년이 네 인생의 수준을 결정짓게 하니 열심히 공부하거라."
지금 40세인 고객에게 FC도 말합니다.
"지금부터의 10년 준비로 고객님의 노후의 생활수준이 결정되는 것이니
더 망설이지 말고 시작하세요."

그러나 대부분 사람들은
부모님이나 전문가의 권유대로 하지 않아서 생길
미래 삶의 수준을 짐작하면서도 그냥 살던 대로 살아갑니다.

인생이 두 번, 세 번 반복되는 것이라면
그래도 되겠지만
한번 뿐이라면 실수하지 말아야지요.
공부에 실패해보았다면
재무설계에는 실패하지 말아야지요.
공부는 머리가 아파서 안 했고,
저축은 돈이 없어서 안 했다고 핑계 삼기에는
노후 현실의 고통이 너무 클 것 같습니다.

하얀 옷을 입어도 그림자는 검은 색입니다
가을이 지나면 무조건 겨울이 오는 법이구요

하얀 옷을 입고 있어도 그림자는 언제나 검은색입니다.

진리는 진리인 법입니다.

젊은이의 옷을 입어도 노인의 몸은 아픕니다.

따로 모아 놓은 돈이 없는 사람은,

언젠가 따로 쓸 돈이 없는 법입니다.

진리는 진리인 법, 허황된 기대를 거부합니다.

진리에 충실하여 진실되게 산다는 건 매우 어렵습니다.

그보다 우리는 편함과 평범함을 따르는 게 쉽지요.

안 쓰고 모으는 건 힘들고 내일이 아닌 몇 십 년 뒤의 일에 대해 준비한

다는 건 더더욱 어렵지요.

그래서 일부만이 노후설계에 성공합니다.

어차피 사람들은 대부분

100평 이하의 주택에서 비슷한 음식을 먹고

비슷한 차를 몰며 살아갑니다만

노후엔 이와 달라서

연금이 나오는 사람과 안 나오는 사람으로 구별될 겁니다.

눈치 보는 자와 당당한 자로 나뉘어질 겁니다.

언젠가 '따로 쓸 돈'을 위해서는
'따로 모으실 필요'가 있습니다.

가을이 지나면 겨울이 온다는 걸 반드시 겪어 봐야 아는 건 아닙니다.
내 돈에 목표를 부여하여 내 돈이 할 일을 부여하세요.
돈이 일하게 하세요.
세금이 없도록 하고, 복리로 이자를 만들게 하세요.
죽어서 가져갈 건 아니지만 살아서 모자라진 말아야죠.
연금보험으로 돈이 마르지 않는 기분 좋은 노후를 만들어 보세요.

노후자금 = 기초생활비 + 기초 의료비 外
+ 월세 비용 + 장기요양병원비 고려!

요즘 집을 구하러 다녀 보면 대부분이 월세입니다.

주택은 보유에서 사용의 개념으로 이동하였고(살 것인지: 買, 살 것인지: 居) 자산은 부동산에서 금융자산으로 변화하고 있고 좋은 직업의 우선 조건에 평생소득 가능 여부가 고려되고 있습니다.

노후에 필요한 돈은 기초생활비와 기초의료비였는데 요즘은 여기에다 두 가지를 추가해야 맞는 개념일 듯합니다.

바로 주택 월세비용과 장기요양 병원비입니다.

노후 2인의 월 생활비용을 구체적으로 나열해 보면

식비 90만 + 기초의료비 20만 + 차량 관련 30만 + 주택관리비 30만 + 경조사 10만 + 통신비 포함 기타용돈 20만(합계 200만)에 월세 30만 추가 시 = 230만↑

그래서 매달 돈이 지급되는 방식의

금융상품과 자산형태를 갖추어야 하는 이유이고

연금보험이 적당한 금융수단이 됩니다.

소모적인 지출인지, 생산적인 지출 및 저축인지 생각해보고 결정하세요

담배를 피웁니다. 두려움과 즐거움이 교차하지요.

담배 연기가 폐 속으로 적립됩니다.

몸이 안 좋아지는 걸 알고 있습니다.

그냥 돈을 질병으로 바꾸어 내 안에 구겨 넣는 작업입니다.

연금을 붓습니다.

부담감과 뿌듯함이 교차하지요.

미래의 행복으로 자꾸 쌓여 갑니다.

돈을 없앨수록(보험료) 돈 걱정이 줄어듭니다.

돈 못 벌 시기의 나만을 위해, 아플 나를 위해….

연금은 설렘이 커져만 가는 작업입니다.

돈은 이렇게 써야 하는 법이지요.

돈은 이렇게 모아졌다 크게 돌아와야지요.

노후준비를 한 사람은 어쩌면
남들이 가보지 못한 땅의 개척자입니다

달 표면에 발자국을 남긴 닐 암스트롱은 다음과 같은 말을 했답니다.

"이 일이 나에게는 작은 한 걸음에 불과하지만, 인류에게는 대단한 도약입니다."

이 유명한 말 뒤에 암스트롱이 한 말이 더욱 마음에 와 닿는데요,

"아름다웠습니다. 계획한 그대로였으며 연습한 그대로였습니다."

노후라는 땅에 도착한 우리가
가족들을 모아놓고,
친구들을 모아놓고
할 말도 이와 같아야 합니다.

"행복하구나.
계획한 대로 연금생활을 시작하게 되었고,
예상한 만큼 연금액이 나오는구나."

작은 한 걸음을 떼기!
연금을 시작하시길 바랍니다.

'철든다'는 때를 아는 것이고,
어른은 은퇴 이후를 준비하는 게 철든 행동입니다

아이가 네 발로 걷다가 두 발로 직립 보행하는 시기를 기뻐하는 행사로
돌잔치를 합니다.
물론 똥, 오줌을 가리는 때에도 사람다워졌다는 의미로 기뻐합니다.
밥을 흘리지 않고, 자기 것만을 고집하지도 않으며, 정리정돈을 잘하기
시작하는 시기에도 우리는 대견하다고 기뻐합니다.
'철들었다'라고 표현합니다.

'철들다'는 '때를 안다'이고
'해야 할 것과 하지 말아야 할 것'을 구분하는 걸 의미합니다.
즉, 어른이 된다는 것이죠.

어른은 모든 것에서 독립한다는 뜻이고
책임진다는 의미인데
연금 준비를 망설이거나 미루는 사람은
어른의 기간을 소득 시작~은퇴까지로만 잡은 게 아닐까요?
은퇴 이후에 경제적 독립이 불가능하다면
다시 어린아이가 되는 것이고
어른 기간을 철없이 보낸 결과가 됩니다.

인생성적표 중에서
책임감과 자주성에 평가 '가' 받기

과거 국민학교 시절에 생활통지표를 보면
근면성, 책임감, 협동심, 자주성, 준법성 등에
'가, 나, 다'로 평가되어 있습니다.

사회생활에 모두 필요한 항목이지만
그 중에서 저는 책임감과 자주성을 높이 평가합니다.
즉, 스스로 적극적으로 살아가면서 책임질 것은
책임진다는 자세가 어른스럽기 때문입니다.
이런 시각에서 보면
가족을 위해 종신보험을 가입하는 가장이
책임감이 뛰어난 사람이고,
소득 없는 미래를 위해 연금을 준비하는 가장이
스스로에게나 가족에게나
책임감이 있다고 생각하기 때문입니다.

'노후'라는 놈은 무소득 시간에
질병 하나쯤을 데리고 우리 앞에 나타날 것이 뻔합니다.
'놈'을 놀라게 해주고
마지막 인생성적표에 책임감 '가'를 받아 볼 생각 없으십니까?

新 4 苦
= 新 40 苦

'新 4 苦' 시대라고 합니다. 장수리스크 + 건강리스크 + 자녀리스크 +
물가리스크 등 한마디로 돈 문제인데요.

- 취직과 결혼 문제를 해결 못한 자녀가 같이 살고
- 약값과 병원비가 점점 더 들어가서 부담스럽고
- 집값이 오르지도, 저축 이자도 거의 없어서 돈 가치도 떨어지고
- 의료기술 발달로 웬만한 질병은 다 고치니 100세 시대는 맞는 것 같고

이런 문제를 한 번에 해결할 방법이 있다면 선택하시겠습니까?

'新 4 苦' = '後 40 苦'입니다.
돈 벌지 못하는 60~100세까지의
40년이 고통일 거라는 뜻이죠.
연금보험으로 돈의 가치를 보존할 수익을 내면서,
죽을 때까지 돈을 공급받으며
질병치료비와 생활비를,
심지어 독립 못한 성인자녀까지 케어하는 방법이
현명하다 하겠습니다.

돈이 나보다
오래 살아야 합니다

'9988234'라는 말이 있지요.
9질9질하게 88세까지 아프다가 2~3년 치매 앓다가 죽다.

사람이 장수해야 합니까?
돈이 장수해야 합니까?
돈이 장수해야 편안한 인생이 됩니다.

돈 없는 老人은 'NO人'이라고 합니다.
사람이 아니라는 게 아니라 경제활동을 끝낸 사람다운 품격을 갖추기가
쉽지 않다는 뜻입니다.

돈 버는 기간에는 사람이 건강해야 하지만
돈 안 버는 기간에는 돈이 오래 살아야 합니다.
연금은 반드시 당신보다 오래 사는 방법입니다.

몸의 건강과 돈의 건강은 젊은 시절은 물론 노후에도 계속되는 '호감'입니다

사람을 처음 만나서 호감을 갖는 경우는

나와 같은 면을 발견했을 때이거나

나와 다른 새로운 문화(문명)를 느낄 때입니다.

물론 그 문화라는 건

고급스럽거나 풍요롭거나 신비롭거나

내가 바라는 그 무엇입니다.

수준의 차이로 친구와 동료와 이웃들이 분류되는

어른의 삶의 끝에서 만나게 될 노후 기간에도

이런 현상은 계속될 것이니

호감을 가질 수도 있고,

호감을 받을 수도 있는 기본 자격인

몸의 건강과 '돈의 건강'을 미리 준비하셨으면 합니다.

돈의 건강이란 현금의 흐름이고

연금은 Cash Flow의 대표적 금융상품입니다.

노후는 '확정된 사건'이어서
준비가 없으면 가난과 질병을 만나게 됩니다

아주 바쁠 때 엘리베이터를 타고 목적 층을 눌렀는데
다른 사람들이 나와는 다른 층을 누르는 바람에
초조함과 답답함을 느낄 때가 있습니다.
그래도 결국 목적 층에 도착하기는 하고
지체된 시간은 겨우 1~2분 정도임을 알게 되죠.

반대로 노후라는 목적 층은 내가 누르지도 않았지만 결국엔 도착하게 되
고 그 시간은 다른 사람들이 훼방을 놓든 안 놓든 정확하게 도달합니다.
멈출 수도 앞당길 수도 없는 인생의 시계이기 때문입니다.

모든 일은 끝이 있고
그 끝에서 후회를 하는 게 보통 사람입니다.
노후는 '확정된 사건'입니다.
따라서 기간을 확정하고 자금을 투여하지 않으면
틀림없이 '질병과 가난'을 만나게 될 뿐입니다.

돈이 많아서 준비하는 게 아니라,
돈이 없을까 봐 준비하는 게 연금이죠

연금을 부족하지 않게 준비하는 사람은

돈이 많아서가 아니라

돈이 없을까 봐 준비하는 겁니다.

돈이 없어서 눈치보고

손 내밀지 않으려고 준비합니다.

보통 사람들은 65세 때 두 가지 타입이 생긴다고 하죠.

연금이 개시되어 기뻐하는 사람이든지,

연금이 없어 아쉽고 답답해하든지….

곧 5명 중 1명이 노인인 초고령화시대가 되면

자가용을 타는 노인과 우스갯소리로 B.M.W(Bus버스, Metro지하철,

Walk도보)를 타는 노인으로 구분되겠지요.

연금은 당신을 silver로서의 최소한의 품격을 마련해줄 겁니다.

직업과 소득이 없는 나이가 되면
연금과 같은 소득 수준으로 신분이 결정됩니다

직업에는 귀천이 없겠지만

나이가 들면 귀천이 생깁니다.

매달 들어오는 고정적인 소득 수준이

신분을 결정하게 되지요.

연금으로 노후 귀족이 되십시오.

인생은 생방송인지라 'NG'가 없다 했습니다.

이미 지나가 버린 시간은 어쩔 수 없겠지만

남아 있는 경제활동 기간에서라도

투자할 수 있는 시간과 보험료를 찾아내셔야 합니다.

노후 준비를 미루는 사람이 95명이면

실행에 옮기는 사람은 5명 정도입니다.

성공하는 5% 안에 들어가십시오.

그리하여 인생 후반에도 주인공으로 사시길 바랍니다.

돈에
이름표를 붙여 주세요!

우리는 일에서든 금전적으로든 우리가 감당할 범위를 벗어나게 되면 일에서도, 일상생활에서도 스스로를 통제할 수가 없게 되고 결국 우리의 운명은 남들에 의해 좌지우지될 수밖에 없습니다.

늙은 내 몸에 병이 찾아올 경우도 나는 나를 스스로 어쩌지 못하고 늙은 내 지갑에 매월 들어올 생활비가 없을 경우에도 내 일상은 남에게 맡겨질 수밖에요….

그래서 젊은 시절에 들어오는
나의 돈에 이름표를 부여해야 합니다.
그래야만 통제가 됩니다.
마치 군인들이 목에 인식표를 걸고,
이름표와 계급장을 붙이는 이유와 같죠.
특히 길게 키워서 제대시킬 돈의 이름에
'연금'이라는 이름표를 붙이고
수령시기와 월 연금액이 적혀져 있어야
돈이 탈영하지 않을 것 같습니다.

돈에 의미를 담아
'독'하게 모아야 '돈'이 삽니다

두 개의 공을 던져 주면 두 개 모두 받을 수 없습니다.

하나만 선택한다면 두 개 모두를 받고자 하다가 둘 다 놓치는 일은 없겠지요.

재무목표에도 주택 구입자금, 자녀 대학자금, 자녀 결혼자금, 노후자금 등이 있습니다만 우선순위를 선택하고 집중하지 않으면 확실하게 손에 거머쥘 것이 없는 것과 같습니다.

30세에 돈을 벌기 시작한 사람 둘이 있다면,

그리고 그 두 명이 서로 같은 소득을 벌지만 서로 다른 저축을 한 경우를 생각해봅니다.

A는 10년간 5천만 원 정도의 좋은 차를 두 번 가졌었고,

B는 대중교통을 이용하면서 1억을 연금으로 납입했다면…,

10년 뒤 40세에는

노후 준비를 한 사람과 못한 사람으로 구별됩니다.

즉, 1억을 모아놓은 사람과 1억을 써 버린 사람으로 구별됩니다.

또 30년 뒤 60세에는

연금을 타는 사람과 못타는 사람으로 구분됩니다.

'돈'에 의미를 담아 '독'하게 모아야 '돈'이 삽니다.

훗날 아들, 딸에게 해줄
인생선배로서의 조언하기

우리가 60대에 접어들어
그때쯤 시집, 장가가는 사랑하는 아들, 딸에게
해줄 말이 있습니다.

인생은 참 빠르고 돈은 늘 부족하더라.
모았다 싶으면 쓸 일이 찾아와 기다리고 있더라.
성공했다 싶으면 실패할 준비도 해야 되더라.
온전히 내 것인 건 찾기 힘들더라.
다만 확실한 건 늙을 것이라는 것, 아플 것이라는 것,
외로움에 익숙해져야 한다는 것,
그리고 누구나 죽는다는 것….

그래서 마지막 30~40년을 살기 위한 준비인 노후 연금 준비는
나에 대한 의무감으로 따로 모아 놓지 않으면
아무도 챙겨 주지 못한다는,
이미 아프거나 다친 사람이 보험을 가입하기 힘들 듯
이미 경제적으로 늙은 사람이 연금을 준비할 수 없는 법이니
30세~50세 돈 버는 구간에
1억 정도 나누어 불입해 놓아야 한다고.

적금 결심과 주택청약은 쉽지만
노후준비가 힘든 결심인 이유는…

스스로 연금을 가입하기로 결심하고 실행하기는 매우 힘듭니다.

1년 뒤 새 차를 위한 적금 결심은 쉽고

5년 뒤 아파트를 구입할 청약저축 결심은 쉽지만

2~30년 뒤 직장도 없고, 몸도 아플 미래의 나에게 보낼 용돈을 적립하는 결심은 왜 이리 힘든 겁니까?

분명히 늙을 텐데도 마치 60세까지만 살다가 죽을 사람처럼 우리는 스스로에게 인색합니다. 그 이유는,

첫째, 부모님이나 선배들로부터 보고 배운바 경험이 없고,

둘째, 시간적으로 먼저 나타날 재무목표에 우선순위를 두기 때문이고,

셋째, 쓰고 남을 만큼 월급을 받지 못하기 때문입니다.

그럼에도 불구하고

인생 100년 중 40년치나 되는 노후 준비는

해야 하는 겁니다.

노후자금은 인생의 재무목표 중에서 가장 규모가 큰돈이고

가장 뒤에 나타나야 할 돈입니다.

따라서 오랜 기간 납입하고

크게 만들어져야만 하는 특징을 가졌으니
장기 금융상품을 전문으로 운영하는
보험사에 의뢰하는 게 맞습니다.

허리띠를 졸라매는 방법을
재무설계에서는 〈포트폴리오 구성〉이라고 할 수 있습니다.
소득의 15~20%가량을 연금보험으로 10년간이라도 치르되
그 원금은 1억 정도는 되어야 노후자금으로서 가치가 있으며, 일찍 시작
해야 거치기간을 많이 확보함으로써 이자를 불리게 되는 겁니다.

예를 들어 1억을 붓고, 2억을 만들어, 나누어 타는 연금액의 합계가 3억
이상이 될 수 있는 타이밍을 잡는 게 '연금 IQ'라는 겁니다. 왜냐하면 노
후에 필요한 최소 3억은 단순계산으로

- 10년간 매월 250만 원씩 저축해야 되고,
- 20년간 매월 125만 원씩을 모아야 되며,
- 30년간 매월 83만 원씩 모아야 가능한 목표자금이기 때문입니다.

* 실제로 60~90세까지 30년간 필요한 노후자금은 매월 생활비 200만
  가정 시 × 12개월 × 30년 = 7.2억 필요!

축구와 연금이 비슷한 건,
후반전이 있다는 점입니다

많은 사람들이 축구경기를 보면서 문전 처리가 미숙한 대부분의 선수들을 비난하거나 안타까워합니다. 자신이 나가면 잘할 것 같다고 하면서…. 이때 전문가는 담력이나 체력을 지적합니다. 프로선수를 좌우하는 지적이죠.

노후는 인생에서 후반전이죠.
공격보다는 체력 안배하면서 수비에 치중해야 하는 시기입니다.
바로 이 체력 안배가 '연금'이고 수비가 '질병관리'입니다.
인생 전반전만 보면 이기는 사람들이 많습니다만 후반전에 체력 열세로 무너지는 사람도 부지기수입니다.
전반전에 넣은 골을 지키기만 해도 이기는 거잖아요?

연금을 준비한다는 것은
인생 후반전도 이기겠다는 의지이고
지금 쓸 돈과 나중에 쓸 돈을
규모 있게 관리한다는 의미이니
시작부터 이긴 게임이라 할 수 있습니다.

2.

재무설계(22개)

금리보다 CASH FLOW가 더 중요하다.

돈의 수명을 늘리는 작업을 해야 한다.

연금보험의 수령기간은 종신이 가능하다.

오래 살수록 수익이 늘어나는 구조다.

결국, 돈의 주인보다 돈이 오래 살아서

돈이 마르지 않는 재무설계를 증명한다.

종신보험
연금전환

퇴직연금

개별연금
(연금저축+연금보험)

주택연금

국민연금

퇴직연금과 국민연금이
강제적인 성격을 갖듯,
개별연금도 반강제기능을 가져야 성공함.

인생의 네 가지 리스크를
한 번에 해결하는 방법이 연금입니다

《은퇴 후 40년 살아가는 법》에 보면
인생의 네 가지 리스크를 '新4苦'라 칭하고 장수리스크, 건강리스크, 자
녀리스크, 물가리스크를 지적합니다.
이 네 가지 리스크는 모두 경제적 노후에 닥치는 일들이고 피해 갈 수는
없습니다.

노후 준비라는 것이 단지 연금 준비만으로 국한되는 것이 아니라 건강관
리와 자녀 성장 이후의 경제적인 독립문제의 해결, 아울러 돈의 가치가
지켜질 저축을 하라는 뜻이라 생각합니다.

노후에 직장이 없더라도
돈이 마르지 않을 시스템을 준비하되
현재가치의 필요한 돈으로 만들 수 있고
자녀 독립 시의 자금융통도 되며
건강을 잃더라도 고정소득이 계속 유지될 시스템은
연금뿐입니다.

연금보험은 돈이 마르지 않게 해주는
재무설계의 대표 금융상품입니다

재무설계의 개념은
평생 내 주머니나 지갑에 돈이 마르지 않게 하는 시스템을
구축하는 일입니다.

돈이 마르지 않게 하는 금융상품의 대표가
바로 종신보험과 연금보험인데
특히 연금보험은 소득이 없고 만성질병에 노출되는 65세 이후에 생활비
와 의료비를 공급해 주는 마르지 않는 재무대책입니다.

다만, 젊은 나이에 준비한다면
늦게 준비한 사람보다 훨씬 많은 이자를 확보할 수 있어서
기간수익에 의한 복리 또는 복리효과의 재테크에도 성공할 수 있습니다.

연금준비를 일찍 시작한다는 영리한 생각이 바로
'연금 IQ'라 할 수 있습니다.

작은 목표에 큰돈을 저축하고,
큰 목표에 오히려 적은 돈을 저축하지 않으십니까?

부자들의 삶의 모습을 닮는다는 것은

그들의 음식과 옷과 차의 수준을 따라 한다는 게 아닙니다.

재무설계에서 장기, 중기, 단기로

목적자금별 포트폴리오를 구성하여 저축한다는 건

바로 이런 부자들의 생활방식과 일맥상통 합니다.

대부분의 사람들의 실수는

재무목표 중에서 작은 것에 큰돈을 저축하고

노후자금 같은 큰 자금에는 작은 돈을 저축한다는 점입니다.

예를 들어 결혼자금 최소치는 1억 정도이지만,

노후자금의 최소치는 3~6억이 필요하다는 점을

간과한다는 말이죠.

발생 시간에 우선하는 재무설계에서

필요금액의 규모에 우선하는 자산배분으로 전환하여야

노후 준비에 성공할 수 있습니다.

'급한 돈'과 '중요한 돈'
그리고 '덩치가 커야 되는 돈'

시간을 사용할 때 일의 중요도에 따라 시간 배분을 합니다.

마치 국, 영, 수 과목에 많은 시간과 자금을 투여하듯이 말이죠.

물론, 밥 먹는 게 중요하다고 해서

한 끼 식사 시간을 두세 시간씩 쓰지는 않습니다.

소득을 위한 일을 하는 중이라면

가장 돈 되는 일에 가장 많은 시간을 투여한다는 겁니다.

마찬가지로 번 돈을 배분할 때에도

매번 급한 돈에만 저축하다 보면

정작 중요한 목적자금은 마련되지 않은 채

절박한 상황을 만나게 된다는 말입니다.

＊ 급한 돈(생활비형 목적자금): 자녀 학원비, 공과금, 대출상환금

＊ 중요한 돈(덩치가 큰돈): 주택자금, 자녀대학자금, 노후자금 등

즉,

길게 모아야 할 돈에 대한 자금의 크기와 저축의 기간

그리고

적절한 금융상품에 대해서는

전문가로부터 조언을 받으실 필요가 분명히 있습니다.

연금보험이 투자이려면
일찍 시작하여 이자를 많이 붙게 하는 겁니다

연금에 돈을 투자하면 과연 돈이 될까요?

언제 시작하고, 현재가치로 얼마를 타고 싶으며, 얼마만큼을 부어야 하는지, 언제부터 타는 것이 좋을까요?

이런 궁금증을 소득과 지출, 가족 상황 등의 관계를 고려하여 상품설계서까지 확인해보는 걸 '연금컨설팅'이라고 합니다.

초저금리인 1% 시대에 '투자'라고 할 수 있으려면

원금의 몇 퍼센트가 이자로 붙어야 할까요?

만약, 수익률이 3%라면 투자하시겠습니까?

조금은 위험하지만 5%대라면요?

세 가지 세금에서(이자소득세, 금융소득종합과세, 연금소득세)

비과세 혜택을 보고,

넣은 돈 대비 타는 돈 총액이 2~3배가 되도록

가입시기를 조정하여

100세 시대, 돈 벌지 않는 40여 년간의 끊이지 않는 월급을

준비해 보십시오.

천만 원을 넣어두고 몇 억을 기대하는 건 불가능합니다

사람들은 연금에 관심이 없는 게 아니라

보험에 관심이 없습니다.

먼저 보험에 돈을 넣어두는 걸 손해라고 느낍니다.

과연 그럴까요?

그럼 물어볼게요.

은행의 적금으로 노후 준비가 가능합니까?

시중 금리가 2%대 이하인 시대에 이자는 얼마나 될까요?

원금의 2배 이상으로 덩치가 커질 수 있나요?

연금보험을 중도 해지 시 손해 보는 기간을 참아내면 원금이 얼마가 됩니까? 만약 10년 납으로 1억이 되어 있다면 자랑스럽지 않을까요? 원금이 이자를 낳기 시작하는 시점에 적립액이 1천만 원인 것과 1억인 것의 수익률이 각각 10%와 5%로 두 배 차이일 때에 이자 차이는 어떨까요?

1천만 × 연 10% = 100만 : 1억 × 연 5% = 500만

옛말에 '도토리 열 번 구르는 것보다, 호박 한 번 구르는 게 낫다'라는 말은 여기에도 적용됩니다.

이자율이 낮은 시기에는 길게 모아 기간수익을 도모하고
원금의 사이즈를 크게 하여 복리 혜택과 비과세 혜택을 평생 보는 것이
현명한 재테크 방법입니다.

리스크를 헷지하며
필요한 시기에 필요한 돈이 나오도록
만드는 틀을 재무설계에서는 '포트폴리오'라 합니다

부자가 되려면 종자돈이 있어야 하는 사실은 누구나 압니다.

종자돈부터 만들어야 하겠지요.

종자돈의 사이즈부터 결정해 보시죠.

노후자금은 월 200만 기준으로 20년치만 계산해도 4.8억입니다. 연금 보험으로 준비한다면 납입 완료되는 시점의 종자돈이 5천이 좋을까요, 1억 이상이 좋을까요? 종자돈(seed money)의 크기는 희망 수령액에 비례해야 합니다.

종자돈을 만드는 방법은 '절약'뿐입니다.

이 절약을 재무설계에서는

'포트폴리오'라고 할 수 있습니다.

왜냐하면, 필요한 시기에

필요한 돈이 나오도록 만드는 틀이니까요.

크고 중요한 재무목표에는 큰돈을,

작고 급한 목표에는 적은 돈을 모으는 원칙 말입니다.

즉, 모으는 돈의 크기는

사용할 시기와 금액에 맞추어 결정해야 하고,

그에 맞는 금융기관과 금융상품을 선택하라는 의미입니다.

일찍 시작하면 적게 부어도 되지만, 늦게 시작할수록 많이 부어야 합니다

돈이 모이고 종자돈이 되는 원칙은 아주 간단합니다.

버는 돈보다 쓰는 돈이 적으면 무조건 모이겠지요.

1천만 원을 모으면 5천만 원이 다음 목표가 되고

5천만 원이 모이면 1억이 다음 목표로 정해지게 되는 법입니다.

'시작이 반이다'라는 말을 경험해보세요.

연금으로 받을 총액이

3.6억이라면(65~95세, 30년간 매월 100만 가정)

적어도 1억은 넣어놓고 불려야 하지 않을까요?

그 1억을 10년간 모을 것인지, 20년간 모을 것인지만 결정하세요.

단순 계산으로 1억을 10년간 나누면

매월 83만 원의 저축이 필요하고 20년이면 41만 원 정도인데,

일찍 시작하면 그보다 적게 낼 것이고

늦게 시작하면 기대치보다 적게 수령하게 될 겁니다.

10년 납으로 타고 싶은 연금액이
만들어지지 않는다면 20년 납도 고려하세요

연금에 대한 저축액을 아끼면,
타고 싶은 연금액에서 멀어집니다.

만약 20만 원씩 × 12개월 × 10년을 모으면, 원금은 2,400만 원이고 이자가 붙어서 3,600만 원이 되었다고 해도 월 100만 원씩 수령한다면 36개월(3년)치 기초 생활비밖에 해결할 수 없습니다.

공짜는 없습니다.
물론 그렇다고 해서 소득이 적음에도 불구하고 월 100만 원씩 납입하자는 건 아닙니다.

적절한 비율로 포트폴리오를 지키자는 건데,
소득의 15~20% 정도를
10년간 연금보험으로 납입하는 것이 바람직하고
그 납입액 합계가
1억 가량이 안 된다면 납입기간을 늘려야 하며
또한 소득의 15~20% 정도가
부담되는 경우에도 납입기간을 늘려서
연금수령 월액이
실제 도움이 될 만한 수준이 되도록 만드셔야 합니다.

연금을 일찍 시작하는 경우엔
저축이 아닌 '투자'가 됩니다

돈이 은퇴 후에도 계속 들어올 수 있게 만드는 시스템을
'연금'이라고 합니다.
평생 벌 돈과 쓸 돈은 거의 정해져 있고
연금은– 나중에 쓸 돈을 따로 모으는 작업입니다.

연금에 투자할 자금은 소득 대비 15~20% 내외가 적당하고
(월 400만 소득 시 70~80여만 원 × 10년 = 1억 만들기)
일찍 시작하면 이자를 원금보다 많이 붙일 수도 있고
우리나라에서 사라질 '비과세 혜택'을 평생 누릴 수도 있습니다.

자녀 독립 후 돌아가실 운명이 아니시라면
연금은 무조건 준비해야 할 저축이고
일찍 시작하는 경우엔 '투자'가 됩니다.

1억이라는 돈은
생활비 100만원씩 100개월치(8.3년)일 뿐입니다

우리는 어쩌면 매번 실패를 즐기는 것 같습니다.
운동해야지 하다가 말고, 저축해야지 하다가 말고, 담배 끊어야지 하다

가 말고, 일찍 일어나서 하루를 지배해야지 하다가 말고, 노후 준비해야
지 하다가 못하고 마는….

연금의 납입기간은 현재부터 소득이 있을 때까지가 맞습니다.
35세에 재무설계를 알았다면 55세 정년퇴직까지 준비 기간은 20년, 40
세에 연금의 필요성을 알았다면 15년간 소득의 15~20%가량을 공무원
처럼 내 노후 통장에 송금해야 합니다.

일찍 부은 돈은 이자를 많이 칠 거고
나중 부은 돈은 이자를 적게 붙일 테니
부은 돈의 합계가 1억은 되도록 납입기간을 고려해야 합니다.
월급 300만 × 17% = 51만,
51만 × 12개월 × 20년 = 1억 2,240만
1억이라는 돈은
월 생활비로 100만씩 100개월치(8.3년)일 뿐입니다.
나머지 기간은 이자소득으로 이어가는 셈이구요.
'나중 돈'이 필요하다면 '지금 돈'을 모으십시오.

불이익은 없고 이익만 존재하는 것이
연금보험입니다

모든 선택에는

이익과 불이익이 있다고 합니다.

연금보험을 선택할 경우,

이익은 무엇이고 불이익은 무엇입니까?

먼저 이익에 대해 나열해 보겠습니다.

1) 소득이 없는 노후에도 매달 생활비나 의료비 용도의 월급이 들어온다.

2) 자녀에게 생활비를 의존하지 않아도 된다.

3) 가입기간 중에 발생하는 이자에 대한 소득세를 한 푼도 내지 않는다.

　　물론, 고소득자일 경우의 금융소득종합과세도, 연금소득세도 면제다.

4) 연금개시 전 목돈이 필요할 경우, 인출해서 활용할 수도 있다.

5) 피보험자를 자녀로 한 경우, 자녀 45세부터 수령하여 부모가 쓰다가

　　자녀 65세 이후 수령분부터 자녀가 쓴다면 2대가 타는 연금이 된다.

불이익은 무엇인지 가르쳐 주시겠습니까?

우리가 부모님 세대보다 나은 건 바로
재무설계를 배울 기회가 있다는 것!

어르신들의 말씀처럼
오늘 다르고, 내일 다른 날들이 다가옴을 왜들 잘 모르는지
답답합니다.
노후 준비를 말로만 하는,
즉 걱정만 하는 사람들이 너무 많습니다.
가깝게 우리 부모님들이 그렇게 몸소 보여주셨는데 말이죠.

차이가 있다면,
부모님들은 재무설계를 할 기회가 없으셨고
우리들은 그 기회가 있다는 겁니다.

재무설계는
평생 돈이 마르지 않게 하는 시스템을 구축하는 일이고,
노후에 소득이 없는 시절에도
꼬박꼬박 생활비가 평생 지급되는
대표적인 재무설계용 금융상품이 바로 '연금보험'입니다.

우리 몸에 피가 돌아야 살 듯,
우리 통장에도 돈이 돌아야 삽니다

지구는 스스로 돕니다.

시계도 돌고, 우리 몸의 피도 돕니다.

세상은 돌아가야 삽니다. 안 돌면 죽은 거지요.

돈도 평생 돌아야 하는데

어린 시절 부모님의 돈이 내게 돌고,

직장인일 때는 회사의 돈이 내게 돌지만,

늙은 뒤에는 돌 돈이 없습니다.

벌 때마다 쓰고자만 한다면 이 역시 철부지입니다.

내게 들어온 돈이

평생 스스로 돌게 해주는 시스템이 연금입니다.

소득의 일정 부분을 그 시스템 안에 반드시 할애하십시오.

그리하여 돈이 도는 'CASH FLOW'를 완성하십시오.

연금설계는 덜 내고도, 짧게 내고도 〈저축〉보다는 효과가 커야 합니다

옷을 세탁하려 하다가 주머니에서 발견된 지폐!
정신없이 살다가 문득 발견한 잘 안 쓰는 통장에 들어 있는
예금 잔액!
연금이 바로 소득 없고 건강도 안 좋은 60세 이후에 만나는
'공돈' 같은 느낌일 겁니다.

연금을 불입하기로 하셨다면
무리하지 않는 금액으로 하실 일이고,
연금을 타겠다고 생각했다면
미래의 돈 가치로 탈 만큼 돼야 하고,
연금을 가입하시겠다 하시면
그 시작 시기를 당장으로 선택하세요.

타고자 하는 연금 월액이 100만 원이고
20년을 탄다면 2.4억이고,
2.4억을 지금부터 단순저축으로 60세까지 모은다면
40세 기준으로 20년 동안
매달 100만 원씩 저축하셔야 만들 수 있습니다.
연금설계는 덜 내고도, 짧게 내고도,
저축보다 효과가 클 때 선택하는 겁니다.

닥쳐야 시작하는 일들 중에서
노후 준비는 빼시기 바랍니다

대부분의 사람은 일이 닥쳐야 무언가를 시작합니다.
사람들 대부분 계획은 머릿속으로만 하다가
일이 닥치면 그때서야 시작하는 습관을 갖고 있습니다.
공부도, 운동도, 저축도 말입니다.

암에 걸리면 암보험을 들지 않은 걸 후회하고
그때서야 가족들에게 권유하죠.
아이가 대학을 가게 되면
그제야 등록금 마련을 위해 분주해지죠.
또 정년퇴직을 하고서야 노후 준비를 점검하게 됩니다.

오직 계획적으로 성공하는 게 있다면
주택 마련자금 같은 건데
그 이유가 있다면 바로
주택청약저축이라는 강제성 때문입니다.
이 강제성을 '시스템'이라 하고,
확실히 준비해야 하는 재무목표가 있다면
이 '시스템' 안에 돈을 담아야 성공하는 법이니,
노후 준비라는 가장 큰 재무목표는

연금보험이라는 반강제 시스템에 가두어 놓아야

성공할 수 있습니다.

발생 시간의 순서로 하는 저축에서,
비용의 크기 순서로 하는 저축으로!

준비되지 않은 노후는 40년짜리 '암'과도 같습니다.
만약 암에 걸릴 시점이 확정되어 있다면
누구나 암보험을 크게 준비하고 그때가 오기 전까지
최대한의 소득을 확보하고자 애쓸 겁니다.

누구나 늙고 소득이 없는 시기가 올 줄 알면서도
노후 준비에 인색하거나 미루는 행위는
그래서 어리석은 겁니다.
돈이 없다는 이유를 대기에는 노후가 너무 길기 때문입니다.

누구나 암에 걸리는 건 아니어도,
누구나 노인은 됩니다.
남은 시간과 저축 여력을 점검하고
돈의 우선순위를 정하되
발생 시간의 순서로
저축을 정하는 게 아니라(주택마련 – 교육자금 – 노후자금)
비용의 총량 순서로 정해보십시오.
(노후 30년치 생활비 7.2억 – 두 자녀 교육비 4억 – 주택자금 2억순)

은퇴 플랜에 따로 계산할 장기저축은 연금보험과 남은 자녀교육비입니다

은퇴플랜이라는 건 일하지 않아도 월급이 나오는

그런 직장을 구하는 비용이라 할 수 있습니다.

즉, 은퇴플랜에 해당되는 장기자금은

1) 종신토록 받을 연금보험과

2) 주택연금과

3) 교육자금의 합계입니다.

> * 연금 = 월 200만 × 12 × 25년 = 6억 감안
> * 주택 = 구입 비용 2억 감안(가치 상승 후 3억)
> * 교육 = 인 당 1억만 감안해도 2억
>
> 합계 10억 / 소득기간 20년 = 월 416만 필요

국민연금과 퇴직연금은 별도로 체크하십시오.

'교육자금'까지 노후 준비에 포함시키는 이유는 자녀가 교육을 통해 경제적으로 독립해야만 노후자금 목적으로 모아진 자금들이 온전히 내 것이 되기 때문입니다.

위의 1), 2), 3)의 합계를 계산한 뒤 소득기간으로 나누면 연금 같은 장

기저축으로 포트폴리오할 금액을 구할 수 있는데, 일정 비율 안에서 납입해야만 다른 재무목표도 함께 가져갈 수 있습니다. 목적이 분명한 돈을 정하신 뒤 포트폴리오를 구성하시면 실패하지는 않습니다.

재무목표 안에 노후자금이 들어가게 하면
저축 여력은 자연스레 만들어집니다

사람들이 노후에 돈이 없는 이유는
그때 따로 쓸 만큼
저축할 여력이 없었기 때문입니다.
보통 사람들의 월급이나 사업소득은
현재를 겨우 살아갈 정도이지
남는 수준이 아니기 때문입니다.
그래서 아껴서 따로 모으지 않고는
절대로 노후자금은 준비할 수 없습니다.

아낀다는 건 뭡니까?
외식을 줄이고 라면으로 끼니를 때우는 게 아끼는 건가요? 그보다는 반
드시 필요한 재무목표를 정한 다음, 우선순위를 그 중요도와 크기 순서
로 매긴 결과로 저축한 다음 남는 돈으로 소비하는 것이 제대로 된 '아낀
다'의 의미가 됩니다(예: 노후비용 6억 → 주택비용 3억 → 교육비용 2억
→ 결혼비용 1.5억 → 현재의 월 생활비 순서).

연금이 필요 없는 사람은 자녀 출가 후 바로 죽을 사람뿐입니다. 재무목
표 안에 연금 항목을 삽입하시면 저축 여력은 자연스레 만들어지고 또
한, 납입은 즐거워야 합니다.

5층 연금을
쌓아 보세요

태어나 공짜로 사는 30년이 지나면
부모로서의 벌며 쓰며 갚으며 모으는 30년을 지내게 되고
마지막 30년은 안 벌면서 아프면서 쓰기만 하는 기간으로
살게 되지요.

이 중에 우리 스스로가 핸들링 할 수 있는 시간이
돈 버는 30년이므로
버는 돈 중에서 노후로 보내는 돈이 반드시 있어야 하고
그 양(量)은 상식적으로 '쓸 만큼'이어야 하겠지만
빨리 시작하면 적게 내도 될 것이고,
늦었다면 많이 내야만 받고 싶은 만큼의 연금이 준비되겠지요.

국민연금이 기본이 되고,
주택연금과 연금보험의 합계를 더해 노후 3층 자산이 되고, 여기에 퇴직
연금을 더할 수 있다면 4층 연금자산이며,
종신보험의 연금전환까지를 더하면 5층 연금자산이 됩니다. 각각을 구
체적으로 계산해야만 노후자금의 답이 나옵니다.

연금으로 최소 1억은 넣어둬야 하는 이유는
타야 할 돈이 최소 3억이기 때문

아무리 생각해봐도

남은 가족에게 3억은 필요합니다.

= 생활비 2.4억(월 200만 × 12개월 × 10년치) + 대출상환 6,000만 가정.

아무리 생각해 봐도

노후자금 역시 최소 3억은 필요합니다.

= 월 200만 × 12개월 × 12.5년치(65세~77.5세까지 사용 가능액)

그런데 아무리 생각해도

연금으로 납입할 만한 돈이 없습니다.

그 이유는 절실하지 않기 때문입니다.

노후가 절실한 재무목표가 되면 절실하게 마련하게 되지요.

일단 연금의 납입원금으로 '1억 만들기'부터 도전하세요.

연금의 수익률을 높이는 방법 중에 '현재의 경험생명표'를 사는 것도 있어요

종신형 연금의 지급액은

가입 당시의 과거 데이터로 만들어진 경험생명표로

계산됩니다.

수령시점의 통계가 아닌 과거의 통계를 적용한다는 거죠

(평균수명은 10년마다 4.5년씩 증가 추세).

보험회사가 동일한 보험료를 받았다면

평균수명 80세에 맞춘 연금지급액보다

평균수명 100세에 맞춘 연금지급액이 더 적겠죠?

그래서 현재 시점 가입이 유리합니다.

생명표 이익을 최대한 누리려면

현재의 생명표로 유리하게 계산된 연금을

지금 당장 시작해야 하는 겁니다.

경험생명표도 수익률을 높이는 방법의 한 가지라는 사실이

연금 IQ에 해당됩니다.

연금플랜은
부부가 각각 준비하는 게 합리적인 방법입니다

연금플랜은 부부 각각 준비하는 게 합리적인 방법인데요,
부부가 결혼 후 평생 함께 살아갈 수 있다면 별 문제가 없겠지만 만약,
남자가 먼저 세상을 떠나는 경우나 결혼생활 후반기에 함께 살지 못하는
경우가 생기면 남자에게 집중된 연금가입은 함께 산 아내의 입장에선 아
무 의미가 없을 수도 있습니다.

맞벌이를 한다면
더더욱 배우자의 몫으로
연금이 준비되어야 합니다.
배우자에게 있어서 연금보험은
주부로서 살아온 시간에 대한 보상,
즉 퇴직금에 해당되므로
소득의 일정량을 할애하여
적립해두는 것이 마땅합니다.

* 졸혼(卒婚): 이혼한 건 아니지만 살가운 부부 사이가 끝난 상태.

연금의 또 다른 이름은
'경제적 자유로움'입니다

연금의 다른 이름은

'경제적인 자유로움'입니다.

우리는 평생에 걸쳐

돈에서 자유로울 수 없습니다.

젊은 시절은 번 만큼 나갑니다.

생활비로, 주택비용으로, 자녀들 교육비로, 부모님 용돈으로, 의료비로,

자동차 보험료로, 저축으로….

만일 소득과 지출의 관계를 일정한 법칙으로 조절하지 않고

습관처럼 혹은 시간 발생 순서로 집행해 나간다면

돈은 절대 모아지지 않을 겁니다.

현재의 지출은

현재의 경제적 자유만을 위하는 것이어서는 안 됩니다.

그 안에 미래의 경제적 자유까지 담보해야 하는데

가장 대표적인 것이 노후소득원에 대한 투자입니다.

나이와 질병은 피해 갈 수 없지만,

돈에서 만큼은 자유로울 수 있으니

그것이 바로 연금 준비입니다.

정년까지는 내가 돈을 벌고,
정년 이후에는 돈이 돈을 벌게 해야 합니다

노인 기준이 65세라면

65세까지는 돈을 벌어야 산다는 뜻이고

노인 기준이 70세라면

70세까지는 돈을 벌어야 산다는 뜻입니다.

물론 아파서도 안 됩니다.

또한 노후기간이 30년 이상이라는 뜻이니

30년치 생활비와 의료비를 따로 저축해 놓아야 산다는 뜻이고

30년치 필요자금을 경제활동 하는 30년간 모을 것인지,

20년간 모을 것인지, 10년간 모을 것인지는

경제적 정년에서 현재 나이를 빼면 알 수 있습니다

(예: 경제적 정년 55세 가정 - 현재 40세 = 15년납 연금보험 가능).

단, 보험료는 10년 납 기준으로 소득의 15~20% 정도가 적당합니다.

(월 400만 소득 시 60~70만, 월 300만 시 50만, 월 200만 시 30만)

살아온 대로 저축할 건지,
생각한 대로 저축할 건지!

어떤 생각을 결심한 뒤

24시간 이내에 실행하지 않은 아이디어가 결과물로 나올 확률은 거의

제로에 가깝다고 합니다.

60세 이후 노후를 20년을 살든, 40년을 더 살든

살아가야 하는 게 분명하다면

그때 쓸 돈에 대해서도 답을 찾아 놓아야 합니다.

특별한 답은 없습니다.

저지르고 볼 일이죠.

살면서 '저질러야 생기는 세 가지'가 있는데

자동차, 주택, 연금입니다.

돈 벌기는 27세~57세까지 대략 30년 정도이고

돈 쓰기는 27세~100세까지 대략 70년을 쓰게 되니

돈 벌 때에 돈 안 버는 시기에 쓸 돈을 저축하는 건 당연하죠.

지금까지 '살아온 대로' 저축을 했다면

이제부터는 '생각한 대로' 저축을 해야 성공할 수 있습니다.

'생각한 대로'가 의미하는 건,

- 저축하는 금액을 단기, 중기, 장기로 나누어 포트폴리오할 것.
- 비과세 혜택이 있다면 무조건 잡을 것!
- 수익이 나는 곳에 투자할 것!
- 안전하면서도 유동성이 있는 금융상품에 투자할 것! 등입니다.

3.

정의편(14개)

연금은
서울-부산 간 고속버스다!

다소 불편하고 지루하지만
정시에 도착하게 해준다.

노후는 태어나면서부터 만나기로 약속된 사건입니다

훌륭한 리더들과 사장들과 세일즈맨들은
약속 시간 최소 10분 전에 도착하는 습관이 있습니다.
그래야 만날 준비가 된 것이고 상대에게 신뢰감을 주게 되죠.

노후도 사실
인생에서 정해진 약속시간이잖아요
그런데 노후를 만날 준비는
만나기 10분 전에 하는 건 아닙니다.
노후를 만날 준비는
성인으로서 소득이 시작되는 시점부터입니다.
예를 들어 국민연금이 그렇고,
연금저축과 공무원연금이 그렇습니다.

하지만 연금보험은 대부분 뒤늦게 시작해서 실패합니다.
30세에 시작해서 20년간 준비하는 것,
40세에 시작해서 10~20년간 준비하는 것,
50세에 시작해서 5~10년간 준비하는 것의 차이는
실로 엄청 다릅니다.

연금은 평생의 용돈이고,
월급이며, 임대료라고 합니다

연금이 뭐냐는 질문에 다음과 같은 정의가 있습니다.

1) 부모님도 안 계신데 평생 받는 용돈
2) 직장도 없는데 평생 타는 월급
3) 임대용 건물도 없는데 평생 나오는 임대료

이 얼마나 기분 좋은 말입니까?
노후가 되면
젊은 시절 나의 재테크 실력을 평가받게 된다고 합니다.
자식으로부터, 배우자로부터,
어쩌면 가난해진 자신으로부터 말입니다.
누구에게나 돈은 늘 부족합니다.
노후에 돈 걱정 없이 행복하겠다고 하는
의지력이 있고 없고의 차이일 뿐입니다.

연금보험은
'지출이 연기된 돈(金)'입니다

우리가 가진 가장 확실한 확률은 사망 확률로 100%이고
그 다음 높은 확률은 질병 확률로 90%라고 가정하면
노후를 살아갈 확률은 80% 정도로 예측할 수 있습니다!

노후 = 근로 이후의 시기

      = 소득이 없는 시기

      = 아픈 시기(의료비 과다 발생)

      = 최종 채무 변제 시기

연금 = 연기된 돈(金)!

즉, 연금은
지출을 미루고 따로 모아두었다가 쓸 돈이라
정의할 수 있습니다.

연금은 젊은 시절의 내가
모으고, 불리고, 지켜낸 결과물이다

한 달 공부의 결과는 월말고사 성적표로 나타나고,
한 학기 공부는 기말고사 성적표로 나타나지요.
어른의 공부는 '돈 버는 일'이고 그 결과로 월급을 받게 되죠.
1년치 일의 성과는 연봉으로 평가받고 보너스까지 결정되게 합니다.

그러나 늙어서 돈이 없다는 것은
그가 젊은 시절에 일을 열심히 하지 않았다는 게 아니라
번 돈에 대한 관리!
즉, 모으기, 불리기, 지키기에 성공하지 못한 결과입니다.

다시 말해서
언제 얼마가 필요하고,
그것을 위해 참아내야 하는 저축액과 저축기간에 대해
확실한 의지를 가질 기회가 없었다는 게 이유입니다.

60세 무렵에 갖게 되는 새로운 직업의 이름은 '노후', 그 월급의 이름, '연금'!

노후는 인생 후반에 만나게 되는 새로운 직업의 이름입니다.
우리는 태어나서 20대 중반이 될 때까지 직업을 얻기 위해(경제적 독립)
부모님으로부터 지원을 받아 학교를 12년~18년간 다녔습니다. 그런 결
과로 직장을 얻은 후 55세 전후까지 25년 정도를 돈을 벌며 살아갑니다.

60세 무렵이 되면
다시 20~40년간의 '노후라는 직업'을 갖게 되는데
이때 받는 급여의 이름이 '연금'입니다.

출근하지 않아도 되고 지시받는 일은 없지만
써야 할 돈은 계속 있어야 살 수 있는 시기이죠.
이때의 급여를 위해 돈 버는 기간에 따로 투자했어야 하고
투자금 총액은 1억 이상은 되었어야 받을 만한 금액이 됩니다.
이것이 '은퇴플랜'이라는 단어가 가진 의미입니다.

연금통장은 인생 마지막 가뭄 때
마지막으로 열어 쓸 저수지!

지갑은 돈이 새는 수도꼭지이고,

은행 통장은 그 지갑을 위해 대기하는 물탱크이지만,

연금통장은

인생 마지막 가뭄 때

마지막으로 열기로 한 저수지입니다.

그래서 오랜 기간 모아야 하고

관리인이 필요한 작업입니다.

연금보험은 세금이요, 기부요, 소득기간의 내신성적이다

'세금'을 내십시오.

소득 없는 60세 이후에 받을 연금에 대해 '보험료'라는 세금을 내십시오.

세금을 내지 않으시면 '가난'이라는 범칙금이 나갈 겁니다.

'기부'를 하십시오.

젊은 시절을 버느라, 가족을 지키느라 고생하는 당신에게 기부하십시오.

기부금을 얼마를 할지는 당신의 소득과 인격에 비례합니다.

'내신성적'을 관리하세요.

소득기의 내신 성적은

현물자산과 보장자산과 노후자산으로 구성합니다.

현물자산을 국어,

보장자산을 영어,

노후자산을 수학이라 비유하면

노후대학은 수학(누구나 잘할 수는 없는, '풀어내는 힘',

즉 연금 IQ와 연금방정식)을 가장 높게 평가할 겁니다.

연금을 붓지 않고도
과연 노후가 기다려지는 날일까요?

살면서 기다려지는 날들이 있습니다.

월급날과 주말이 대표적이죠.

노후는 기다려지는 날인가요? 두려운 날인가요?

일을 했으니까 월급날이 기다려지고

일을 했으니까 휴일이 기다려집니다만

연금을 붓지 않고도 과연 노후가 기다려지는 날일까요?

연금은 노후에 틀 수도관이고

오랜 시간 파이프라인 공사를 해야 하는

힘든 작업입니다.

전문가의 조언이 필요하고

비용을 치르셔야 완성할 수 있습니다.

망설일수록 비용이 더 들고

더 굵은 파이프가 필요합니다.

연금가입은 마치 평생 과일을 공급해주는 과일나무를 심는 일과 같음!

연금을 가입하는 건 과일나무를 심는 일과 같습니다.

나무가 자랄 때까지 기다려줘야 하고

그 동안은 나무를 잘 보살펴 주어야 합니다.

그 대가로 평생토록 해마다 맛있는 열매를 얻게 됩니다.

열매를 바로 얻고 싶다면

다 자란 나무를 구입하는 방법이 있지만

묘목보다는 가격이 많이 비싸겠지요(일시납).

연금이라는 나무는

통상 10년 정도는 키워야 하고

다시 10년 이상 지나야만

우리가 죽을 때까지 평생 용돈을 공급해주게 되므로

연금나무는 빨리 심을수록 유리합니다.

돈을 찾는 모습이 아름다울 수 있는 순간은 연금을 수령하는 때입니다

은행에 가 보면

누구는 돈을 넣고 있고 누구는 돈을 빼고 있습니다.

젊은이라면 넣는 쪽이 좋은 모습이고

나이가 많은 사람이라면 빼는 모습이 행복한 모습일 것 같습니다.

돈을 입금하되 적게 자주하는 사람도 있고

돈을 출금하되 많이 꺼내 쓰는 사람도 있죠.

연금은 크고 짧게 붓거나,

적고 길게 붓는 게 원칙이고

수령은 죽을 때까지 끝없이

찾아 쓰는 걸 원칙으로 하는 금융상품입니다.

직장에서는 은퇴했지만

젊은 시절의 내가 늙은 나에게 주는 평생월급!

생각만 해도 흐뭇하고 기쁜 일입니다.

은퇴한 여자에게 필요한 다섯 가지에 남편은 없답니다

은퇴한 여자에게 필요한 다섯 가지는

돈, 건강, 딸, 친구, 강아지이고

은퇴한 남자에게 필요한 다섯 가지는

아내, 와이프, 처, 마누라, 안사람이라는 말이 있습니다.

노후에 남자에게 아내가 그렇게 필요하다면

여자에게 필요한 첫 번째인

돈이라도 있어야 된다는 말과 같네요.

남편 없인 살아도 돈 없인 못산다는 말인가요?

평생 일해서 남은 게 집이고, 자식인데

직장이 없는 노후에 돈도 없고 나를 챙겨 줄 아내도 없다면 잘못 산 거죠.

돈을 챙기세요.

그토록 힘들게 벌었던 돈이

모두 떠나지 않게 하세요.

그러기 위해서 '딴 주머니'를 차셔야 하는 겁니다.

연금은 가장 건실하고 든든한 딴 주머니에 해당됩니다.

연금이라는 자녀는 열 살까지만 키워주면 혼자 독립하여 평생 부모를 챙깁니다

연금이 또 한 명의 자식인 거 아십니까?

이 아들은 태어나서 10년만 키워주면

고등학교도 스스로 가고

대학도 혼자 힘으로 가지요.

절대 등록금을 요구하거나,

애인 사귄다고 용돈을 더 달라고 조르지도 않지요.

또 결코 결혼도 하지 않은 채로 부모 옆에 있다가,

부모가 소득이 없을 때가 되면

매년(매월) 용돈을 대주는 아주 훌륭한 효자랍니다.

물론 부모가 돌아가실 때까지 말입니다.

다른 자녀가 거의 30년을 키우고도

노후 용돈을 해결해주지 못하는 현실을 비추어 보면

정말 대단한 일입니다.

그래서 고객님의 막내아들의 이름은 "연금보험"입니다.

자녀 한 명을 키우기보다 연금자식을 키우는 돈이 적게 들지만 진짜 효도는 누가 하겠습니까?

연금보험이 가진 다른 이름은
유학자금, 창업자금, 최종 채무변제자금!

현재 기성세대인 우리는 대학을 나오지 못한 것을 컴플렉스로 여겼지만 우리 자녀들 세대에는 유학을 다녀오지 못한 것을 컴플렉스로 여길 수도 있습니다.

연금보험의 납입을 마친 뒤
연금개시 시기까지 이자를 불리는 동안
우리 부모들의 나이는 통상
직장의 변화(창업)와 자녀의 대학시기를
동시에 겪게 됩니다.
따라서
연금보험의 납입원금과
불어난 이자액을 합한 상당액은
노후자금으로 지켜지질 못하고
자녀의 유학자금이나 본인의 창업자금
또는 살아오면서 미처 정리하지
못한 채무 잔액 상환용으로 전용될 수도 있지요.

그래서 연금을 준비한다는 건
단순히 노후생활비와 의료비 명목만이 아닌

자녀 학자금, 본인 창업자금, 또는 채무상환자금을 함께 모으는 의미가
있는 저축이기도 합니다.

조금씩이라도 길게 모았다가
30~40년 더 길게 타서 쓸 돈이 연금입니다

나이를 먹는다는 것은

그만큼 들은 바, 보아온바, 겪은 바가 많다는 거죠.

나이가 많음에도 불구하고

삶의 원칙을 모를 때

우리는 그를 철부지라 부릅니다.

어른과 아이의 다른 점은 참을성이고

어른스러울수록 더 길게 본다는 점입니다.

사람의 나이는 세 가지인데 첫 번째, 신체적 나이는 어쩔 수 없죠. 운동과 식사 조절로 유지합니다. 두 번째, 정신적 나이는 긍정적 마인드와 밝은 생각과 독서의 힘으로 시간이 갈수록 깊어지고 멋있어질 수 있지요. 그런데 세 번째, 경제적 나이는 신체 나이와 정신 나이와는 상관없이 대부분 30~60세까지 약 30년 정도 뿐입니다.

이 30년을 나누어보면 벌며 모으는 10년(청년기), 불리며 갚는 10년(중년기), 벌며 지출이 집중되는 10년(은퇴기)으로 볼 수 있어요.

중요한 건 사람들이 자기 돈에 대해 어른스러운 통제를 못한다는 겁니다. 어른스럽다는 것은 벌 때와 안 벌 때를 감안해서 짧은 저축과 긴 저축을 금융상품과 연결 짓는 행동인데, 조금씩이라도 길게 모았다 더 길게 타서 쓸 돈이 바로 '연금'입니다.

4.

비유편(12개)

청년기 40 - 장년기 40 - 노년기 20

청년기 30 - 장년기 30 - 노년기 40

위의 두 가지 인생 중
잘살았다고 생각되는 사람은?

노후 수도관 매립화법

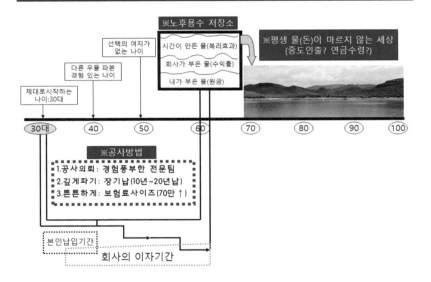

※노후용수 저장소

시간이 만든 물(복리효과)

회사가 부은 물(수익률)

내가 부은 물(원금)

※평생 물(돈)이 마르지 않는 세상
(중도인출? 연금수령?)

선택의 여지가
없는 나이

다른 우물 파본
경험 있는 나이

제대로시작하는
나이:30대

| 30대 | 40 | 50 | 60 | 70 | 80 | 90 | 100 |

※공사방법

1.공사의뢰 : 경험풍부한 전문팀
2.깊게파기 : 장기납(10년~20년납)
3.튼튼하게 : 보험료사이즈(70만↑)

본인납입기간

회사의 이자기간

노후라는 회사에서 가장 중요시하는
스펙의 이름은 연금!

연금은

노후라는 회사에서 가장 우선시하는

'스펙'(specification)의 이름입니다.

연금은 노후라는 회사에서

첫 번째로 중요하게 여기는 '경제적 체력'입니다.

입사할 때 필요한 스펙은 졸업장과 각종 자격증들이었지만 노후에 들어

갈 때 필요한 스펙은 그가 젊은 날에 차곡차곡 모아온 연금준비금과 건

강이 유일한 스펙입니다.

노후라고 하는 60대에 접어들면 누구나 비슷한 스펙을 갖게 됩니다.

1) 학력의 평준화

2) 건강의 평준화

3) 미모의 평준화

오직,

4) 경제력만이 유일한 차별화 스펙이 됩니다.

우리는 이렇게라도

평생 돈이 마르지 않는 시스템인 '연금'을 준비하는 이유를
찾아내야만 하는 노후수험생인 겁니다.

인생의 겨울은 노후!
겨울옷을 저렴하게 사는 기회는 봄입니다

예전에는 우리나라 사계절인 봄, 여름, 가을, 겨울이
각 3개월씩으로 비슷했습니다.
그런데 요즘은 봄(4월), 여름(5, 6, 7, 8월), 가을(9, 10월), 그리고 겨울
이 길어져서 11월, 12월, 1월, 2월, 3월까지
무려 5개월이 춥습니다!
길어진 겨울은 우리 인생에서 길어진 노후와 같으니
평균수명이 길어진 탓이겠지요.

봄에 겨울옷을 사두는 게 저렴하듯,
인생에서의 봄이라 할 수 있는 결혼을 하면서
곧장 노후 준비인 연금을 준비하는 게 현명합니다.
기회이득이 발생합니다. 복리효과라고 하지요.
원금만큼만 타는 걸 바라는 게 아니라면
반드시 일찍 시작하셔야 합니다.

봄에 봄옷을 비싸게 사고, 겨울에 겨울옷을 비싸게 사지 않으려면 할인
매장에 발품을 파셔야 합니다.
그런데 연금 구입은 발품이 아니고 '머리품'이라 할 수 있고 그 역할은
FC가 대신하고 있으니 의뢰만 하시면 됩니다.

공부와 운동과 저축을 미루는 건
많이 해봤지만 연금준비는 그러면 안 되죠

노는 걸 미루기보다 공부하는 걸 미루어 봤습니다.
먹는 걸 미루기보다 빨리 먹기를 선택했었고
운동을 미루다 몸이 무거워지는 일을 많이 겪어 봤죠.
또 지출을 미루기보다 저축을 미루었습니다.
지나고 나니 이 모든 일들이 후회스러운 일들이었습니다.

먹고 싶은 욕구를 참고, 노는 걸 참고,
돈 쓰는 걸 참는 사람은 어른입니다.
그런데 우리가 실제로 어른다워지는 때는
비로소 후회하는 시간을 만났을 때였습니다.

어린아이를 어른으로 만드는 과정은 경험을 하게 하는 방법이 있으나 시
간이 부족할 경우엔 어른이 반강제성을 띠는 방법이 있습니다.
보험은 '보호한다', '계획한다', '지킨다'는 의미로 이미 어른의 금융상품
입니다.
노후자산을 보호하기 위해 계획하고, 간섭해주고, 탈 때까지 지켜주는
연금보험이 바로 우리가 만나야 할 어른입니다.

국민연금과 자동차보험을 납입하듯
개별연금도 납입해야 성공합니다
(개별연금: 연금저축 + 연금보험)

국민연금 33년을 다 부으면 2030년인 만 64세 3월부터 매월 190만 원을 받게 된다네요(2017년 현재 만 51세). 60세까지만 부으면 매월 122만 원이구요. 물가상승률 2.3%를 고려하고 소득상승률은 3.2%를 감안했네요. 현재까지 288개월(24년)을 납입했고 현재 보험료는 18만 원입니다. 연금을 받는 중에 소득 활동을 하면 2015년 기준으로 월 평균소득 204만 원을 초과하는 업무에 종사시엔 지급개시연령부터 최대 5년간 연금액이 감소된대요.

개인연금이었다면

24년간 납입할 수 있었을까요?

의무가입이었기에

그나마 이만큼 내게 된 거 맞죠?

자동차보험도 의무가입, 국민연금도 의무가입!

즉, 반드시 필요한 것에는 강제조항이 붙어야 한다는 것이니

노후 준비가 반드시 필요하다면

필요한 월연금액을 결정한 뒤

부족액만큼을 연금보험으로 준비하세요.

돈이 장수를 가능케 하고

돈이 추억할 공간을 마련해 줄 겁니다.

연금은 나의 인생 후반부에 대한 투자입니다
아까워할 일이 절대 아닙니다

우리가 사는 목적이 잘 먹고 잘사는 거라고들 합니다.
잘 먹는 일은 태어나서부터 죽을 때까지 약 100여 년간 할 일이구요,
잘사는 것은 실제로 어른으로서의 삶인 30세~100세까지 70여 년간의
바람입니다.
그런데 50년 정도를 살아본 어른들이 느끼는 바로는
돈 버는 30년은 잘 먹고 사는 정도가 비슷한데 실제로 잘 먹고 잘사는
건 60세 이후 노후 30년이어야 한다고들 합니다.

60세가 넘으면 출신이 공무원이었든, 교사였든, 자영업자였든, 배우였
든 상관없이 매월 들어올 소득이 걱정되고 동시에 매년 질병을 한 가지
씩 추가하게 되니까요….

내가 둘일 수 없다고 워렌 버핏이 말했습니다.
인생도 한 번뿐이고 재방송은 없으므로
단 한 번인 나의 노후에 대해
돈을 투자하시길 바랍니다.
단, '투자'가 되려면
납입금액과 기간의 영리한 조합이 필요함을 인정하셔야 하고
시작하시는 시기는 지금 당장일 것을 추천합니다.

돈이 일하게 하고, 돈이 돈을 벌고, 돈이 사람보다 장수하게 하세요

兵驕必敗(병교필패)라는 말이 있습니다.
교만한 병사는 전쟁에서 반드시 패한다는 뜻입니다.

인생은 전쟁과 같고 교만은 바로 우리의 젊은 날이죠.
젊은 날의 우리는 건강하고 돈도 잘 법니다.
그래서 훗날을 도모하는 장기저축에는 인색하게 된다는 말입니다.
전쟁에서 마지막 승리는 보병이 취합니다.
마찬가지로 인생에서의 마지막 승부는 연금으로 가립니다.

마지막 소득원이
지금 가지고 있는 자산의 형태가
아닐 수 있음을 유념하시고
연금이라는 소득원으로써
돈이 일하게 하시고,
돈이 이자를 불리게 하여
결국, 돈이 장수하게 하자는 말씀입니다.

사람의 수명보다 돈의 수명이 긴 것,
그것이 연금입니다

사람의 수명이
돈의 수명보다 긴 경우를
'가난'이라 합니다.
반대로
사람의 수명보다 돈의 수명이 긴 경우를
'풍요'라고 합니다.

가난은 삶의 어두운 면들을 보게 만들고
반대로 풍요는 삶의 밝은 면들을 드러나게 합니다.

돈 버는 시간이 30~60세라고 치면
돈 쓰는 시간은 30~100세가 될 것이니,
물리적으로 이미 돈의 수명이 짧습니다.
더더욱 중요한 사실은 우리가 살면서 1년, 2년, 3년짜리 저축에는 습관이
들었지만 10~20년짜리 저축은 경험도 없었고 의지도 없다는 것이지요.

큰돈을 만드는 방법은 적은 금액이라도 길게 붓거나,
짧게라면 큰 금액을 모아야 합니다.
고통 없는 성공이 어디 있겠습니까!

사람이 거의 20~30년을 키워지듯, 길게 키우고 불려서 타야 제 역할을 하는 게 연금입니다

대부분 사람들에게 돈의 수명이 짧은 이유는
돈을 길게 키우지 않았기 때문입니다.
다른 동물보다 독립이 오래 걸리는 인간이
부모 밑에서 오랜 기간 양육되어 70~80년의 독립생활을 하듯,
의사가 남들보다 훨씬 긴 공부를 한 뒤 평생 긴 소득을 확보하듯,

돈도
오랜 시간 모으고 키워야만
돈의 수명이 연장되는 현상인
복리이자(money works),
비과세혜택,
평생의 생활비 확보,
자산의 증여, 상속 등이 발생할 수 있습니다.

보험은 길어서 부담되는 면도 있지만
반대로 길어서 좋은 점도 많아요.
길기 때문에 비과세 기간도 길고,
길기 때문에 납입면제되는 기간도 길고,
길기 때문에 큰 금액이 모아지는 것이니까요.

시냇물이 마르지 않는 이유는
나무들이 산에 물기를 저장하고 있어서입니다

시냇가에 서서 흐르는 물을 바라봅니다.

비는 오지 않아도 일정한 물이 계속 흐릅니다.

이유가 무엇일까요?

그건 산에 나무가 있어서지요.

물을 저장하고 있잖아요.

우리 삶에도 돈이 마르지 않았으면 좋겠습니다.

그러려면 산에 나무를 심듯,

종신보험과 연금보험을 심어 놓아야겠지요.

나무가 1년 만에 다 자라는 게 아니듯

연금재원도 긴 시간을 심고 보살펴야

돈이 마르지 않게 되는 법이니

10년 이상 심고 20년 이상 키울 수 있도록 설계하십시오.

그래야 현금의 흐름인 'CASH FLOW'가 이어집니다.

소액, 단기적립은 은행이 전문,
목돈 불리기는 펀드가 전문,
노후자금은 연금보험의 전문 영역입니다

같은 물이더라도
소가 먹으면 우유가 되고 뱀이 먹으면 독이 된다고 했습니다.

같은 돈이라도
은행에 굴리면 적은 이자를 붙이고도 대부분 이자소득세를 내게 되고 증권에 굴리면 '모' 아니면 '도'로 운(運)에 기대게 되고 보험에 굴리면 저축으로 해결 못할 보장자산이 약속됨과 동시에 기간에 따라 고수익과 비과세도 누릴 수 있습니다.

중요한 건
나의 의지로 가입한 것인지 아닌지가
이득이 날 때나 손실이 났을 때
괴로울지 말지를 결정하게 됩니다.
그래서
연금보험은 내 의지로 언제부터,
지금 돈의 가치로 얼마를 타고 싶은지 결심한 뒤에
보험료가 결정되어야만
납입하는 게 의미 있고 행복해집니다.

사전예약으로 할부로라도
구입해야 하는 게 노후 40년치 생활자금입니다

신종 휴대폰이 나오면 사전 예약을 합니다.

재미있는 영화가 개봉될 때에도 예매를 하구요.

주택 구입을 위해서는 주택청약저축에 가입합니다.

그런데 노후를 위해서 사전 예약해야 하는

연금(有錢 장수권)에 대해서는 왜들 게으른 것일까요.

돈이 없다고 말하기에는 노후 20~40년이 너무 깁니다.

돈이 없는 게 아니라 훗날까지 생각하기가 싫은 거죠.

당장의 재무목표가 급한 것이고

남으면 나름 여유롭게 살고 싶은 거죠.

길어진 노후 기간 안에는

내 자녀의 노후와 내 부모의 노후 기간도 중복되어 있습니다.

(부모 90세 시점 = 본인 60세 시점 = 자녀 30세 시점)

충분한 연금은 3대를 여유롭게 합니다.

가족의 가난을 예약하지 마세요.

일곱 가지 POOR 중 대출이 되지 않는 나이에 만나는 POOR가 두 가지입니다

살면서 겪는 여섯 가지 가난(poor)이 있고
요즘 한 가지가 더 늘었죠.

1) 유니브(univ) 푸어(대학졸업을 위한 선택)
2) 허니문(honeymoon) 푸어(결혼과 시작되는 가난)
3) 베이비(baby) 푸어(자녀 출산으로 생기는 가난)
4) 애듀(education) 푸어(자녀 교육을 위해 마다하지 않는 가난)
5) 하우스(house) 푸어(집은 있어도 대출 때문에 겪는 가난)
6) 실버(silver) 푸어(은퇴 후 소득 중단으로 겪는 가난)
7) 메디(medical) 푸어(은퇴 후 질병으로 겪는 가난)

이 중에서 대출이 되지 않는 가난 두 가지가
실버푸어와 메디푸어입니다.

준비해놓은 게 없다면 대책이 없다는 거죠.
아픈 몸으로 안 먹으면서 버틴다는 것과 같으니
부디 본인을 위한 노후자금을 따로 모아두시길 바랍니다.

5.

FC편(18개)

이 세상에 죽었다 살아나는 건
바둑돌밖에 없다고 했습니다.
재무가 죽는 건 가정이 죽는 겁니다.
전문가로서
죽어가던 재무가 살게 해주는 것은
너무 값지고 보람 있는 일이니
게으름과 절대 타협하지 마세요.

연금 L/C 요약

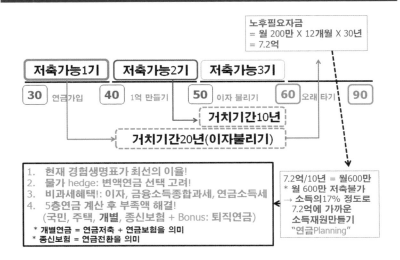

노후필요자금
= 월 200만 X 12개월 X 30년
= 7.2억

| 저축가능1기 | 저축가능2기 | 저축가능3기 |

30 연금가입 40 1억 만들기 50 이자 불리기 60 오래 타기 90

거치기간10년

거치기간20년(이자불리기)

1. 현재 경험생명표가 최선의 이율!
2. 물가 hedge: 변액연금 선택 고려!
3. 비과세혜택!: 이자, 금융소득종합과세, 연금소득세
4. 5층연금 계산 후 부족액 해결!
   (국민, 주택, 개별, 종신보험 + Bonus: 퇴직연금)
   * 개별연금 = 연금저축 + 연금보험을 의미
   * 종신보험 = 연금전환을 의미

7.2억/10년 = 월600만
* 월 600만 저축불가
→ 소득의17% 정도로
7.2억에 가까운
소득재원만들기
"연금Planning"

어른으로 살아가는 30세 이후 10년 단위로 경제적 의미를 살펴보겠습니다.
연금을 납입할 수 있는 시기는 저축이 가능한 30대부터 50때까지를 구분하여
크게 30대 초반부터, 40대부터, 50대부터 각각 10년씩이라고 가정한다면,

*30~40세 구간을 이용하여 연금을 납입한 사람은 40세이후~65세 연금 수령시까지
 무려 25년간을 복리나 복리혜택을 즉, 이자를 불리는 시간을 확보할 수 있어서
 가장 이상적이라고 하겠습니다.
*그 다음으로 유리한 건 당연히 40~50세 구간이겠죠.
 30대부터 시작한 사람보다는 10년의 거치기간(이자기간)이 적어지지만 최선의 방법입니다.
*만약 젊은 시기를 놓쳐서 50대가 되어서 비로서 연금을 준비한다면
 일시납을 고려하거나 월납이라면 변액연금의 공격적 펀드구성으로 불릴 기회를 노려보며
 기대수익이 만족되는 경우엔 연금개시시기를 최대한 늦추는 방법을 선택하면 됩니다.

연금보험 설계시 주의할 점은
타고자 하는 연금의 총액이 얼마인지를 먼저 계산해보고(예:월200X12개월X20년치=4.8억)
월로 환산한 필요연금액을 채울 수 있는 재원인, 국민연금.주택연금.퇴직연금.종신보험의 연금
전환액…등을 빼고 나머지 부족한 금액을 개별연금(연금저축+연금보험)으로 채워야 합니다.

<TIP>
▶현재 사용하는 경험생명표가 가장 유리한 점을 안다면-변경 전에 가입할 것.
▶타고자 하는 누계합산 연금액이 억 단위라면 납입원금도 1억은 생각해야 한다는 것.
▶소득 대비 적절한 포트폴리오 안에서 납입하는 것을 기본으로 해야 함.
 (월소득 200만시: 보험료 30만 / 300만시: 50만 / 400만시: 70만 정도)

생각할 시간 1년을 더 드린다 해도
지금의 상황과 크게 다르지 않습니다

고객님이 망설이는 이유가 있다면
연금을 가입할지 말지에 대한 고민이 아니라
얼마짜리 연금을 선택할지에 대한 고민이어야 합니다.

살면서 저질러야 생기는 세 가지가 있지요.
바로 집, 차, 연금입니다.
망설이다 10년이 지나가고
그때엔 더 비싸지는 법이니까요.

늘 사고자 하는 집의 가격 대비 준비된 돈은 부족한 법이고
자동차도 준비된 돈보다는 비싼 차가 눈에 들어오는 법이고
연금 역시 여유가 생긴 후에 준비한다고 하지만
살면서 그런 여유가 있었던 적이 어디 많으셨나요?
조금 부족할지라도 저지르고 보면 치르게 된다는 의미입니다.

노후 준비에 운이 작용한다면 그건 바로 훌륭한 FC를 빨리 만나는 기회일 겁니다

살면서 운이 좋은 결과를 얻기도 합니다.
주식투자나 시험 성적이나 심지어 길가다 돈을 줍는 것까지….
그런데 운도 실력의 일부라고 합니다.
난데없이 행운이 찾아오는 건 아니라는 것이죠.

노후에 잘살고 못사는 건 '운'일까요? '노력의 대가'일까요?
따로 모아놓지도 않았는데 매달 쓸 돈이 굴러들어온다면
행운이겠지만 그럴 수는 없는 것 아닙니까?

대가를 치르셔야 합니다.
조금씩 길게 치르든,
짧게 치르되 많이 붓든,
빨리 붓고 오래 기다렸다 타든
낼 만큼 내야만 탈 만큼 타게 되는 게 연금입니다.
연금 준비에 운이 한 가지 있다면
훌륭한 FC를 빨리 만나는 것뿐입니다.

주제 파악은 지금의 현실과 미래의 현실을 대비한 금융행동을 낳는 계기입니다

저는 27세에 입사하면서 주제 파악을 하게 되었습니다.
노후자금도, 주택자금도, 심지어 결혼자금마저도
제 힘으로 모아야 하는 현실을 알고 있었기에
매달 연금보험에 90만 원씩을 붓기로 결심할 수 있었고
(10년 환급금: 1억 재테크플랜 + 매월 연금 200만씩 평생 수령하는 재무설계 플랜) 38세가 되던 해에 10년간의 보험료 납입을 마칠 수가 있었습니다.

그러다 보니 나이를 빨리 먹었으면 좋겠다는 생각을 자주 했습니다. 나보다 훨씬 유리한 입장에 있었던 동기들과 10년 후에 만났을 때 오히려 앞선 현실을 가졌다는 것에 매우 흐뭇했던 기억이 납니다.

주제 파악을 한 결과입니다.
'주제 파악'은
내 현실과 미래 계획을 조율하여
꼭 필요한 돈을 만들어 가는
결심 방법을 의미합니다.
'주제 파악'은
남들처럼 써서는 안 된다고 하는
철든 생각을 의미합니다.

학생의 졸업장은 '성적표',
어른의 졸업장은 '연금'!

퇴직금이 노후자금으로 온전히 쓰일 수 있다면
회사를 열심히 오래 다니는 게 연금액과 비례하겠죠.
퇴직금은 보통 창업자금이나 자녀학자금 또는 채무정리 등으로 사라지기 쉬워서 노후 3층 보장 또는 5층 보장에 포함시키지 않는 편이 낫다고 생각합니다.

학생이 졸업을 하면 성적표가 남듯.
어른이 현업을 떠날 때가 되면
연금이 남아야 합니다.
그게 바로 어른으로서 살아온
30여 년치의 재테크 성적표잖습니까?

학창시절엔 비록 1등급이 아니었어도
노후의 수준은 1등급이 될 수 있습니다.
공부하는 것이 아닌 장기저축에 대한 결심을 하는 것이니까 혼자 고민하지 마시고 재무설계 전문가에게 의뢰하십시오.

연금 IQ를 높이는 건
가능한 일입니다

IQ(Intelligence Quotient)는 계산력, 기억력, 어휘력을 테스트하는데
실제 나이보다 정신 연령이 높을 때 IQ가 높다고 판단하며 유전 요인보
다도 교육, 환경, 훈련, 자극에 의해 발달된다고 합니다.

그러면 연금 IQ란 무엇일까요

먼저 계산을 잘해야죠.
- 얼마를 언제까지 쓸 것인지, 그 합계는 얼마인지.

다음은 기억을 잘해야죠.
- 내가 붓는 연금보험료가 어떤 의미이며
  얼마의 크기로 돌아올 건지.

마지막으로 말을 잘해야죠.
- 생활비가 부족하다는 배우자에게,
  지출을 줄여야하는 이유를 묻는 자녀에게,
  차를 바꾸고 싶어 하는 스스로에게 말입니다.

연금설계의
다섯 가지 원칙

연금을 설계하는 원칙 다섯 가지가 있습니다.

1) 실제로 타고 싶은 연금액 정하기

2) 현재가치로 환산하기

3) 실현 가능한 재원 마련 대안 결정하기
– 국민연금, 퇴직연금, 주택연금, 연금보험, 종신보험의 연금전환,
  자녀용돈 등

4) 부족 금액을 개별연금(연금저축 + 연금보험)으로 준비
– 기가입연금의 미래가치 계산
– 최종부족액을 추가가입으로 끝내기

5) 금융상품과 납입기간 결정

연금은 절대 누가 거저 주는 돈이 아닙니다.
내가 미래의 나에게 미리 송금한 국민연금이 나타나는 것이고
내가 미래의 나에게 미리 송금한 연금보험이 나타날 뿐입니다.
다만 일찍 시작하고 길게 부은 사람이
이자를 많이 받는 차이인 거죠.

소득 없는 40년간 받을
월급, 용돈, 임대수익을 연금이라 부릅니다

3년 미만을 모은 돈을 '적금'이라 하고
7년 내외를 굴리는 돈을 '펀드'라 한다면
10년 이상 모으는 돈은 뭐라고 할까요?

'연금.'

적금의 목적이
대출 상환, 주택 마련, 차량 구입이고
펀드의 목적이
고수익이라고 한다면
연금의 목적은
소득 없는 30~40년간의
월급이요, 용돈이며, 임대수익을 얻는 일입니다.

월 생활비 200만씩 20년치만 계산해 봐도 4.8억이니
국민연금과 주택연금으로 70%를 해결했을 때
개별연금으로 10년간 얼마를 모아두어야 나머지 30%가 해결될까요?
이런 궁금증으로 FC를 만나시길 바랍니다.

통장에서 보험료가 빠져나간 게 아니고,
내 연금통장에 돈이 들어온 겁니다

어떤 맛있는 음식도 입안에 5분 이상 머물지 않으며
어떤 멋있는 자동차도 보통 10년 이상 우리 곁에 있지 않아요.
평생 내 옆에서 나의 경제적 생존을 지켜주는
연금을 갖는 편이 훨씬 든든하고 고마운 일입니다.

보험료가 빠져나간다고 표현하는데
사실은 내 연금 통장에 돈이 들어온 거죠.
엄밀히는 내 미래의 통장으로 말입니다.

그래서 보험료가 이체되는 날은 즐거워야 합니다.
보험료는 나갔지만 보험금은 들어온 것과 마찬가지니까요.
탈 돈이 기대가 되는 플랜은 낼 때마다 기쁜 법이고
그래야만 가입을 잘한 겁니다.

학교에서 우등생이 아니었어도
노후에 연금우등생은 될 수 있습니다

노후는 미루고 미루다 내일로 닥친
기말고사를 만난 것과 같은 느낌입니다.
평소에 공부하는 학생이 많지 않았듯이
노후 준비에 성공하는 확률도 아주 적습니다.

학교에서 우등생은 아니었어도
노후에 연금우등생은 될 수 있습니다.
선생님과 부모님이 숙제와 잔소리로 공부하게 했듯이
우리는 전문가인 FC의 조언을 통해서
노후 준비에 성공해야 합니다.

한 가지 중요한 사실은
공부도 연금도 혼자 시작하기는 어려운 법이니
이 사실은 알고 먼저 접근하고 권유하는 FC를
반갑게 맞을 필요가 있다는 점입니다.

연금을 가입하기 가장 좋은 시기는, 가장 젊은 '지금'입니다

연금의 가입시기 및 납입시기는 다음 중 언제가 가장 좋을까요?

30세 결혼 시점(직장 초년생~대리)

35세 가장 시절(과장 직급…자녀 5~7세 유치원/초등학생)

40세 가장 시절(차장 직급…자녀 초등학생/중학생)

45세 가장 시절(부장 직급…자녀 중학생/고등학생)

50세 가장 시절(임원? 자영업? 자녀 고등학생/대학생)

55세 퇴직 시기(임원? 자영업? 자녀 대학생/유학생)

60세 은퇴 시기(자녀 결혼 시기)

정답 = 이 질문을 받은 때로부터 10년간!

이유 = 1) 현재의 건강이 가장 좋으므로

2) 소득 〉 지출

3) 거치기간 확보로 기간수익 도모 가능

4) 현재 경험생명표상의 보험료가 가장 저렴하므로

돈은 최종적으로 내 곁에 있어야만 내 돈인 겁니다
그래서 관리인이 필요합니다

리밸런싱이라는 단어가 있습니다.

부동산에도 있고, 펀드에도 있고, 우리 몸에도 적용할 수 있습니다.

종합적으로 이미 획득해놓은 자산을 상황에 맞게 재운용하여 수익을 높이고 리스크를 줄인다는 목적이죠.

사람이 꼼꼼할 수 있는 능력에도 한계가 있고, 공부하고 집중할 수 있는 시간도 불과 15분 남짓하며, 운에 맡길 만한 재수 좋은 사람도 일부에 해당되므로 새로운 정보를 내 것으로 만드는 재주를 가진 사람인 전문가에게 맡겨야 성공 확률이 높아집니다.

보험도 많은 FC들에 의해 가입되어 있지만

현재의 가치로 잘 자라고 있는지, 위험하진 않은지,

수익을 더 높일 방법은 없는지 알아야 하는데

귀찮아들 하십니다.

시험 보고 나면 그만인 태도와 같죠.

전문가에게 연락해서

수익을 높이고 리스크를 줄이는

방법에 대한 조언을 구하세요.

돈은 궁극적으로

내 곁에 살아 있고 자라야만 내 돈이 되는 것이니까요.

마흔 살이 되면
세 가지의 힘으로 살아가야 합니다

남자 나이 마흔이면 세 가지의 힘으로 살아가야 합니다.

첫째, 약의 힘.

둘째, 책의 힘.

셋째, 보험의 힘입니다.

누구나 40대가 되면 질병 한 가지쯤 갖게 되고, 돈만 추구하다가 돈을 잃으면 모든 걸 포기하게 될 수도 있음을 알고 생각의 중심이 될 만한 정신적 기도서가 있어야 하며, 보험으로 사망과 장수를 대비할 마지막 시기라는 것을 의미합니다.

연금보험은 40대 중반만 되어도 납입 여력이 없거나, 이자를 붙일 시간이 얼마 남지 않게 되므로 포트폴리오 안에서 서둘러 준비하여야 하고 연금개시 시기를 늦추거나 중도인출을 활용할 수 있는 금융상품입니다. 60세가 가까운 나이에 현재를 돌아보면 놓치지 말았어야 할 기회가 무엇이었는지 금방 알게 됩니다.

보험의 힘으로 산다는 말은 오래 살수록 명언이 될 겁니다.

전문가에게 의뢰할 것은
내 힘으로 시작하지 못하는 일들입니다

영어 공부에 걸리는 시간은 학창시절만 12~16년 정도지만 실제 영어로 말하기 쉽지 않습니다. 연애 공부도 학창시절을 포함하여 20년쯤 직간접으로 하지만 평생 후회할 선택을 하기도 하지요. 그런데 금융공부는 전공자 외에는 거의가 하지 않습니다. 그래서 전문가에게 의뢰하는 게 맞는 거죠. 마치 의학공부를 한 의사들에게 비용을 지불하며 우리의 건강을 맡기듯 말입니다.

그럼 금융전문가나 보험전문가에게
비용을 내면서 얻어내야 할 건 무엇일까요?
그건 바로 내 돈이 가야 할 길을
바르고 안전하게 안내받는 일인데,
세금 줄이기,
이자 불리기,
증여 · 상속하기,
적은 돈으로 큰 보장받기,
미리 시작하여 평생토록 연금타기,
중복된 보장 내용 정리하기 등
평생 돈이 마르지 않는 시스템 만들기가 그것입니다.

그 중 소득 없는 노후 30~40년에 투자하는 걸 연금설계라 하고 전문가와 상담이 끝나면 실행에 옮길 수 있어야만 잘된 상담이라 하겠습니다. 노후귀족 되기를 진심으로 원한다면 참아내고 실행할 것이 분명히 있게 마련이지요.

노후 40년의 그림을
30분 이내로 그리는 건 연금설계가 아닙니다

대부분 사람들이 연금보험 하나쯤은 가지고 있습니다만 그 보험료가 총 얼마를 내게 되고, 얼마로 자라서, 연금개시 시기에 현재가치로 얼마나 돌아오는지에 대해서는 모르고 삽니다. 그냥 '연금 하나 들어 놓았다' 수준이지, '월 얼마를 타게 되는지'는 잘 모른다는 겁니다.

이유가 뭘까요? 바로 연금이 아니라 보험을 들어주었기 때문입니다. 연금이라면 당연히 타게 될 금액에 관심이 있게 되어 있고 보험이라면 마지못해 들어주었다 해도 과언이 아니라는 말이죠.

연금 설명을 10분 들었다면 어느 정도까지 생각할 기회가 있었을까요?
30분을 들었다면 어느 부분까지 고려할 시간이 되었을까요?
한 시간을 들었더라도
마음속에 계속 '들고 싶지 않는데…'라는 마음이었다면
이것 역시 충분치 않은 상담이었습니다.

반드시 들었어야 할 내용은 다음과 같습니다.
언제부터가 노후인지, 얼마를 타고 싶은지, 돈의 가치 하락은 계산했는지, 소득 대비 적절한 보험료 포트폴리오(P/F), 5층연금 보장 분석, 상품의 종류와 인출제도, 라이프사이클 등입니다.

연금보험료가 아깝다면 잘못 가입한 겁니다
낼 때마다 신나야 합니다

매달 연금보험료를 납입할 때마다 아까우면 안 됩니다.

머릿속으로 그림을 그려 보세요.

그 돈이 마이너스인지, 플러스인지

그 돈이 흩어지고 있는지, 쌓여 가는 건지

그 돈이 없어질 돈인지, 돌아올 돈인지

그 돈이 힘 빠질 돈인지, 힘 줄 돈인지 말입니다.

사람들은 길게 모으기를 싫어하는 것이죠.

길게 모은다는 말은 큰돈이 만들어진다는 의미이고,

큰돈은 큰일을 해결하게 하니까

납입할 때마다 즐거워야 하고, 뿌듯해야 합니다.

그래야 연금보험을 제대로 가입한 겁니다.

남들이 눈앞에 닥친 재무목표에만 신경 쓸 때

이미 준비한 자로서

20~30년 후의 재무설계에 대해 포석을 둘 수 있다면

매우 자랑스럽고도 은근한 기쁨이 될 겁니다.

기.부.인.가.시.아

'기간수익'이라는 말을 들어보셨습니까? 저의 회사 연금에 해당되는 수익률 이야기인데요, 예를 들어 100만 원씩 10년을 내고 100만 원씩 30년을 탈 수 있다면 세 배 장사 아닙니까? 이런 컨셉을 '기간수익'이라고 합니다. 요즘 같은 저금리 시대에는 재테크전문가들도 권유하듯이 '기간수익'을 도모하는 게 정답입니다.

부모에게 자식은 전부이지만 자식에게 부모는 전부가 아닌 것 같습니다. 이 말은 우리들의 노후를 우리 자식들에게 기댈 수가 없다는 뜻이지요. 따라서 노후 준비는 반드시 별도의 대책을 수립하셔야만 합니다.

인생을 살아가면서 반강제로 해야 성공하는 세 가지가 있는데요, 첫 번째는 공부이고, 두 번째는 운동이고, 세 번째가 저축입니다. 제가 권유드리는 연금도 저축에 해당되기 때문에 권유드릴 때 시작하시는 것이 노후 준비를 할 수 있는 유일한 기회일 수도 있습니다.

가장 훌륭한 재테크는 모으는 것입니다. 즉, 원금의 크기가 얼마인지가 중요하다는 말씀이죠. 예를 들어 20만 원씩 10년을 부으면 2,400만 원만큼의 사이즈가 내 노후 행복의 크기가 되고, 100만 원씩 10년을 부으면 1.2억만큼의 사이즈가 내 노후 행복의 크기가 됩니다. 여기에 붙는 이자는 크지도 않거니와 중요한 역할을 못합니다. 큰돈이 모이면 큰일을 할 수 있습니다.

시험은 잘 못 보면 다시 보면 되지만, 인생은 한 번 잘못 설계하면 더 이상 기회가 없을 수도 있습니다. 따라서 이와 같이 중요한 노후플랜은 저 같은 전문가에게 컨설팅 받으시는 게 맞습니다.

아무나 연금을 가입하는 건 아닌 것 같습니다. '자신의 노후를 안전하고 행복하게 지키고 말겠다'라는 그런 의지력이 있는 분들이 가입하는 게 연금입니다. 오늘 고객님을 찾아온 것도 그런 의지력이 있으신 분으로 생각했기 때문에 온 거구요….

그럼 지금까지 들려드린 내용을 상품설계서로 증명해 보이겠습니다. 보시죠!

별첨:

연금보험 라이프사이클 소개

직선형 연금 L/C

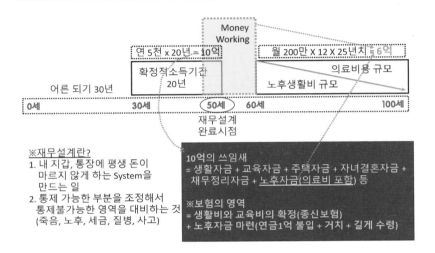

※재무설계란?
1. 내 지갑, 통장에 평생 돈이 마르지 않게 하는 System을 만드는 일
2. 통제 가능한 부분을 조정해서 통제불가능한 영역을 대비하는 것 (죽음, 노후, 세금, 질병, 사고)

❋그림에 대한 설명

태어나서 30세 무렵까지는 부모의 도움을 받으며 경제적으로 독립할 때까지이다.
그렇게 어른이 된 후 결혼하고 60세 정도까지 부모(어른)의 삶으로 30년을 산다.
그후 60~100세까지 40년간을 소득없고 아픈 시기로서 노후를 보내는 게 인생이다.
결국, 30년(30~60세)을 벌면서 동시에 70년(30~100세)을 살아가는 것이다.

소득기간 30년 중 확정적이라고 볼 수 있는 소득기간은 통상 20년이니
평균 연소득 5천만(월 400여만) 가정시 X 20년치는 = 10억 가량이다.

이 10억을 반드시 써야할 인생 5대자금으로 나누어 써보자.
1. 생활자금 : 월 200만 X12개월 X30년치 = 7.2억
2. 자녀교육비 : 월 50만 X12개월 X20년치 = 1.2억(자녀 2명시 2.4억)
3. 주택자금 : 구입 또는 확장으로 통상 = 2억
4. 자녀결혼비 : 남자 1억 + 여자 5천 가정시 = 1.5억
5. 노후자금 : 월 100만 이만 해도X12개월 X30년치만 = 3.6억
…모두 15.5억으로 벌 돈 10억 대비 5억 이상 부족하다.
   쓸 돈을 적게 잡은 듯 해도 말이다.
따라서, 더벌어야 하고 맞벌이가 필요하고 재테크에 성공해야 하고, 최소한의
보장자산이라도 준비해야 하는 것이다.

그래서 필수 5대자금의 우선순위를 시간발생순서에서 자금의 크기순서로
바꾸어 볼 필요도 있는 것이다.

원형 L/C(연금용)

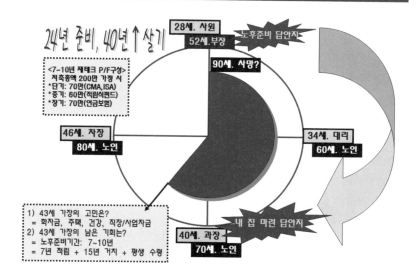

24년 준비, 40년↑ 살기

노후준비 답안지

내 집 마련 답안지

28세. 사원
52세.부장

90세. 사망?

34세. 대리
60세. 노인

46세. 차장
80세. 노인

40세. 과장
70세. 노인

<7~10년 재테크 P/F구성>
저축총액 200만 가정 시
*단기: 70만(CMA,ISA)
*중기: 60만(적립식펀드)
*장기: 70만(연금보험)

1) 43세 가장의 고민은?
= 학자금, 주택, 건강, 직장/사업자금
2) 43세 가장의 남은 기회는?
= 노후준비기간: 7~10년
= 7년 적립 + 15년 거치 + 평생 수령

남자 기준으로 28세 전후에 입사하여 6년 정도 지난 34세 무렵에 대리가 되고, 6년이 지난 40세 무렵엔 과장이, 다시 6년이 지난 46세 무렵엔 차장이 되고, 또 6년이 지난 52세 무렵이면 부장, 임원이 되거나 퇴직하게 되며 그 후에 60대 노후와 70대 노후와 80대 노후 거쳐 90세 전후에 세상을 떠나게 됩니다. 이렇듯 남자의 소득 기간은 6년씩 4회, 24년 내외이고 그림과 같이 현재 43세라면 이미 15년을 사용했으므로 남은 소득 기간은 9년 정도이며 이 기간 안에 저축 가능 기간은 첫째 자녀가 대학을 진학하기 전까지이고 저축 가능 기간에 완성해야 할 재무목표는 노후 준비와 자녀 대학자금과 자녀 결혼자금일 겁니다.

여기서 노후 준비를 생각해보면 43세인 지금부터 연금보험을 10년 동안 납입하는 것과 5년이 지난 48세부터 10년을 납입하는 것, 10년이 더 지난 53세부터 10년간 납입하는 것 중 어느 것이 옳은 방법일까요?

지금부터 10년간이라고 생각하시는 이유는 두 가지일 텐데요,
첫째, 저축 여력이 10년 뒤보다는 현재가 낫기 때문이고
둘째, 같은 10년을 납입하더라도
지금부터 가입하는 것이 거치기간을 더 오래 확보함으로써
복리나 복리혜택을 통한 이자를 많이 얻을 수 있기 때문입니다.

100세를 사망 시점으로 예상한다면 현재 43세인 남자는 67년간의 경제적 고민을 해결해야 하고 60세~90세까지를 노후 기간으로 예상한다 해도 30년간의 노후생활비와 의료비를 다양한 소득원으로 마련해야 됩니다. 국민연금과 주택연금과 퇴직연금과 종신보험의 연금전환 예상액을 더한 총액이 희망하는 연금월액에 부족하다면 남은 건 연금보험으로 보완하는 방법이 남은 것이니 보험회사와 보험상품의 선택을 통해 준비된 노후를 만드셔야 합니다.